Zwei Hundert Jahre Fürsorge

der

Preussischen Staatsregierung

für die

entlassenen Gefangenen.

Von

Dr. iur. et phil. Ernst Rosenfeld,
Gerichtsassessor.

Berlin 1905.

J. Guttentag, Verlagsbuchhandlung,
G. m. b. H.

„In der Staatswirtschaft ist nicht jede Ausgabe ein Verlust, nicht jede Einnahme ein Gewinnst. Was auf diesem oder jenem einzelnen Etat als Plus oder als Minus erscheint, zeigt sich in der allgemeinen großen Staatsbilance oft ganz umgekehrt:

Ein einziger Verbrecher, dem der Staat es möglich macht, daß derselbe auf dem Wege der Besserung bleiben kann, bringet dem Staat jene Ausgabe übermäßig wieder ein und deckt den Ausfall hinlänglich, der bei zehn anderen entsteht, an welche jene Ausgabe vielleicht vergeblich gewendet wurde."

(v. Arnim), Bruchstücke über Verbrechen und Strafen 1801 und 1803, Teil II Kap. XXI.

Vorbemerkung.

Es ist eine eigentümliche Tatsache, daß die heute so aktuelle Frage der Fürsorge für die entlassenen Strafgefangenen ihre historische Bearbeitung nur einseitig gefunden hat: verschiedene Verfasser in verschiedenen Ländern haben die Entwicklung der auf diesem Gebiete tätigen Vereine, welche erst im 19. Jahrhundert in Europa eingesetzt hat, geschildert — die wichtige, weit ältere Arbeit des Staates auf dem Gebiete der Entlassenenfürsorge jedoch ist nirgends zusammenfassend behandelt worden.

Diese Lücke für Preußen auszufüllen, ist der Zweck der vorliegenden Arbeit.

Berlin, Voß-Straße 13. **Der Verfasser.**

Inhaltsverzeichnis.

Teil I.

1700–1835.

„Für die Abwendung der neuen Gefahren womit das Ende der Strafzeit droht, ist kaum irgendwo gesorgt und ohne einigen Aufwand des Staates wird schwerlich mit Erfolg dafür gesorgt werden können."

(v. Berg, Handbuch d. Teutschen Policeyrechts, 2. Aufl. Hannover 1802 Bd. I. S. 300)

Solange sich der Staat nicht um die Haftorte kümmerte, solange die Gefangenen in den Türmen der Stadtmauern, den Kellern der Rathäuser, den Festungskasematten elend schmachteten [1]), solange man, wie es bis Ende des 17. Jahrhunderts geschah, unter Gefängnissen regelmäßig nur die Aufbewahrungsörter für Leute verstand, die ihrer Bestrafung, d. h. einer Leibes- oder Lebensstrafe, entgegensahen, solange konnte auch von einer staatlichen [1a]) Sorge

---

Die in Teil I. angezogenen Werke, nach dem Namen des Verfassers oder des Herausgebers der betr. Zeitschrift geordnet, sind erhältlich:

1. Amelang, v. Arnim, v. Berg, Döpler, Heintze, v. Hippel, Julius, v. Kamptz, Klein, Krauß, Krohne, Kuefstein, v. Liszt, Matthis, Münsterberg, Rabe, v. Rohden, v. Rochow, Scanarolus, v. Schönberg, Stölzel, Wagnitz, Welcker, Rawitscher Reglement (Ausgabe von 1868) in der Bibliothek des Verfassers.

2. Die Edicten-Sammlungen von Dähnert (Pommern), Korn (Schlesien), Mylius (Brandenburg-Preußen), Mylius (Magdeburg) in der Bibliothek des Kgl. Preuß. Justizministeriums.

3. Die übrigen Werke in der Königlichen Bibliothek zu Berlin.

[1]) Krohne u. Uber: Die Strafanstalten und Gefängnisse in Preußen. Berlin 1901 S. VII ff. Über die Gefängniszustände bis zum Ausgange des 17. Jahrhunderts s. Döpler Theatrum Poenarum 1693 Bd. I S. 623–690 u. A. m.

[1a]) Über die kirchliche Liebesarbeit an Gefangenen s. Scanarolus 1675: De Visitatione Carceratorum (700 Folioseiten) und Krauß: Im Kerker vor und nach Christus. Freiburg 1895.

für die Entlassenen keine Rede sein. So wenig war von einer solchen damals die Rede, daß es vielmehr eine Art Fürsorge für die die Strafe erkennenden und vollstreckenden Beamten in Gestalt der **Urphede** gab: Jeder Gefangene mußte bei seiner Haftentlassung schwören, „daß er sich wegen dieser seiner erlittenen Gefängnis, auch alles, was sich darunter begeben hat, an der Obrigkeit oder den Ankläger, Denunzianten oder sonst männiglich, so zu dieser Verstrickung Rat und Tat gegeben, außerhalb ordentlichen Rechts nimmermehr weder durch sich, noch Jemand anders auf einerlei Weise nicht rächen, noch eifern wolle[2]).

Die Abschreckungstheorie in ihrer schroffsten Form hatte damals die Alleinherrschaft.

Allmälig jedoch mußte jene Theorie dem Gedanken weichen, daß der Staat bestrebt sein müsse, die noch besserungsfähigen Elemente im Wege des Zwanges durch Anhaltung und Gewöhnung zur Arbeit tunlichst zu nützlichen Staatsbürgern zu erziehen. Die Folge dieses Durchbrechens der Besserungstheorie war das Entstehen der Zuchthäuser[3]), auch Rasp-, Spinn- Werk-, Arbeits-, Stockhäuser genannt, in welchen, nicht etwa die schweren Verbrecher — denn diese wurden noch bis in das 19. Jahrhundert auf die Festungen[4]) zum Karren gebracht — sondern Leute, die sich leichterer Vergehungen schuldig gemacht, wie ungetreue Dienstboten, Landstreicher und Gesindel jeder Art, also regelmäßig besserungsfähige Elemente, durch harte Arbeit zu Zucht und Ordnung erzogen werden sollten.

Am 11. Juni 1686 erließ der Große Kurfürst von Brandenburg das Edikt wegen Aufrichtung der Zucht-, Spinn- und Manu-

---

[2]) Döpler, Theatrum Poenarum 1693 Bd. I S. 688 u. 714. Wegen des Wortlauts der Urphede im 18. Jahrhundert s. Wagnitz: Histor. Nachr. Halle 1791 Bd. 1 S. 242. Durch die Krim. O. v. 8. Juli 1717 erneut vorgeschrieben, durch Reskript vom 18. April 1796 aufgehoben, wurde die Urphede durch Erlaß vom 29. Mai 1798 für die Festungsgefangenen wieder eingeführt und erst durch Kabinettsordre vom 29. Mai 1826 endgültig abgeschafft (Rabe Sammlg. Preuß. Ges. Bd. III S. 328, Bd. V S. 116, 117. von Kamptz, Jahrbücher Bd. 27 S. 320).

[3]) Döpler a. a. O. (1693) Bd. I S. 716—723 und ältere Literatur daselbst. von Hippel, Zeitschr. f. d. ges. Strafrechtsw. XVIII 419 ff., 608 ff. Ergänzungen hierzu von Rosenfeld ebenda, Bd. XXVI.

[4]) Reskr. v. 6. Dez. 1809 (Matthis, Allgem. Jurist. Monatsschrift. Bd. 8 S. 560).

fakturhäuser[5]) und befahl, daß alle zur Arbeit und Spinnerei tüchtigen Bettler und deren Kinder eventuell mit Gewalt in diese Häuser gebracht werden sollten. Wie die Einleitung ergibt, verfolgte man mit der Gründung der Zuchthäuser einen doppelten Zweck: Die Hebung der Tuch-Industrie und die Bekämpfung der Bettlerplage durch Gewöhnung der Faulen zur Arbeit[6]).

Bereits im folgenden Jahre 1687 wurde das Zuchthaus zu Spandau gegründet. Anfangs wurden die Gefangenen blos zum Wolle-Spinnen angehalten, da das aber nicht genügend einbrachte, überließ man schon 1688 die Arbeitskräfte der Insassen den Seiden-Händlern Müller und Koppisch zum Seidespinnen. Doch auch diese kamen nicht auf ihre Rechnung, lösten daher 1693 das Verhältnis zum Zuchthause. Von da an nahm man den Raschmacher, d. h. Tuchmacher Kracht in die Anstalt; dieser ließ die Gefangenen nicht nur die Wolle spinnen, sondern auch gleich das Gespinnst im Hause verarbeiten, und wußte das gefertigte Zeug gut zu verkaufen[7]).

Bei der Ordnung, die im Zuchthause herrschte, wurden zwar viele, besonders jüngere Elemente, die sich bisher kenntnis- und beschäftigungslos umhergetrieben hatten, in der Anstalt im Tuchmacherhandwerk eingehend ausgebildet und verließen auch die Anstalt in der Absicht, das erlernte Gewerbe weiter zu betreiben. Was aber heute geschieht, geschah auch damals: Sie stießen überall auf verschlossene Türen. Und während heute, da Gewerbefreiheit herrscht, es Manchem möglich ist, in einem anderen als dem erlernten Betriebe unterzukommen, war solches im 17. Jahrhundert zur Zeit der Herrschaft der strengen Innungs-Ordnung gänzlich unmöglich. Beschäftigungs- und damit obdachlos mußten die kaum Entlassenen dem Müßiggange und damit wiederum dem Laster verfallen.

Wenn schon dieser Umstand den König bekümmerte, so war es vielmehr noch die Tatsache, daß der Hauptzweck der Einrichtung

---

[5]) Mylius: Corp. Const. March. V. Teil V Kap. 1 Nr. 25 und Mylius: Corp. Const. Magdeburg-Noviss. Teil III S. 371.

[6]) Dieses Edikt wurde durch dasjenige vom 11. Juni 1687 erläutert und ergänzt. Geh. Staats-Archiv Rep. 9 C. 6 c. 1. Zuchthaus Spandau.

[7]) (Fischbach) Histor. Beyträge die Kgl. Preuß. Staaten betr. Teil III S. 368, Teil II S. 277 ff.).

des Spinnhauses, nämlich die beabsichtigte Hebung der Tuch-Industrie, durch das Verhalten der Gewerke illusorisch gemacht wurde.

Um diesem Übel abzuhelfen, erließ König Friedrich I. von Preußen am 28. August 1710 das folgende Patent:

Demnach Seiner Königlichen Majestät in Preussen rc. Unserm allergnädigsten Herrn / unterthänigst hinterbracht worden / wasgestalt bey denen Gewercken / Zünfften und Innungen Schwürigkeiten und allerhand Difficultäten gemachet würden / diejenige als Gesellen in ihrer Profession und Handthierung auf und anzunehmen / welche einige Zeit oder Jahre in den Zucht-Hause zu Spandow gesessen / und währender solcher Zeit über / ein und das andere Handwerck' und Wissenschaft wohl erlernet und begriffen / ihre Lehr-Jahre ausgestanden / und zu tüchtige Gesellen in derjenigen Profession welche sie erlernet / erkläret worden / welche Wegerung und Renitentz der Gewercke und Zünffte aber / allerhöchst-gedachte Seine Königliche Majestät vor ungegründet und unbillig zu seyn befinden / in mehre Erwegung / ein solcher junger Bursch / welcher in gedachtem Spinn-Hause gesessen / eine und die andere Profession so wohl fassen und begreiffen / und zu einem tüchtigen Gesellen sich qualificiret machen können / als wenn er anderswo solche erlernet / und seine Zeit ausgestanden hätte / Seine Königliche Majestät auch nechst dem nicht wollen / daß dergleichen jungen Leuten / welche wegen ihres Versehens ihre Straffe erlitten / und dafür gebüsset / dasjenige nach der Zeit nachtheilig und ihrem Glück hinderlich seyn / sondern solche / wenn sie mit tüchtigen Gezeugnüssen und Lehr-Brieffen versehen / so wohl als andere von denen Handwerckern und Meistern von was Profession und Handthierung dieselbe auch seyn / als tüchtige und Zunfftmäßige Gesellen / aufgenommen / geduldet / gefordert / und in allem nach Handwercks-Art / und Gebrauch traCtiret werden sollen. Als haben allerhöchst-gedachte Seine Königliche Majestät so wohl derjenigen Fleiß und Embsigkeit / denen solches angehet / und welchen es zu Nutzen kommen kan / zu befordern / als auch denenjenigen welchen solche Leute hinkünfftig als Gesellen zu fodern oblieget / hiermit dero gnädigste Willens-Meinung kund machen und zu wissen fügen wollen / welchen letzteren sie aber insonderheit hiermit gnädigst und alles Ernstes / auch bey Vermeidung willkührlicher Bestraffung anbefehlen / obgedachten Gesellen ihren forderlichen Willen nicht zu versagen / sondern sie als ehrliche und untadeliche Zunfftmäßige Leute aufzunehmen / und sie ihren Articuls-Brieffen vollen gemäß zu tractiren / auch in keine Wege daran hinderlich zu seyn. Wie denn auch denen Regierungen / Commissarien / Magistraten und andern Befehlshabern hiermit in Gnaden aufgegeben und anbefohlen wird / wenn dergleichen Kasus vorfallen / sich hiernach allergehorsamst mit zu achten / und hierunter Seiner Königlichen Majestät gnädigste Willens-Meinung zu vollbringen. Uhrkundlich unter allerhöchst-gedachter Seiner Königlichen Majestät eigenhändigen Unterschrift und vorgedrucktem Insiegel. So geschehen und gegeben zu Cölln an der Spree / den 28. Aug. 1710.

(L. S.) Friderich.

J. M. F. v. Blaspil.

Durch seine Publikation in außerbrandenburgischen Provinzen[8]) wurde gezeigt, daß dieser Erlaß nicht nur für die von dem Zuchthause zu Spandau Entlassenen gelten sollte.

Dieses Patent vom 28. August 1710 dürfte das älteste rein staatliche Dokument sein, welches den Behörden befiehlt, sich der Entlassenen anzunehmen. Mag es auch erst in zweiter Reihe von dem Erbarmen mit den hilflos Dastehenden, in erster vom Interesse an der Förderung der Landesindustrie diktiert worden sein, so ist das für die Sache der Fürsorge von geringer Bedeutung. Tatsache ist, daß jenes Patent den Entlassenen die Wege zu ehrlichem Fortkommen zu ebnen bemüht war.

Einfach durch einen Befehl aber ließ sich das Vorurteil der Gewerke nicht ausrotten.

---

[8]) z. B. Mylius Corp. Const. Magdeb. Nov. S. 623. Mylius zeigt auch durch die Überschrift des Patents, daß es sich generell auf die aus den Zuchthäusern Entlassenen bezieht.

Am 10. November 1716 erging daher das folgende Patent in derselben Angelegenheit:

Demnach Seiner Königlichen Majestät in Preußen / 2c. Unserm allergnädigsten Herrn / aller unterthänigst hinterbracht worden / wie daß denenjenigen jungen Leuten / welche in dem Spandowischen Zucht-Hause das Raschmachen erlernet / wann sie ihre Straffe ausgestanden / und daraus erlassen worden / bey denen Zünfften und Gewercken der Raschmacher sie vor zunfftmäßige Gesellen zu erkennen und aufzunehmen annoch immerhin Schwierigkeit gemacht / und dero dieserhalb heilsames publicirtes Patent sub dato Cölln an der Spree / den 28. Augusti 1710 unverantwortlich ausser Augen gesetzt werde; und dann dieses seiner Königl. Majestät nicht zu geringem Mißfallen gereichet / dabey auch derselben ernster und beständiger Wille ist / daß sothaner Verordnung allergehorsamst nachgelebet werden soll: So haben allerhöchst-gedachte Sr. Königl. Majestät jetzt besagtes Patent nicht nur insgemein hiermit in Gnaden renoviren / sondern insbesondere die Raschmacher / Wollen-Weber / Manufacturiers oder welche es sonst angehen möchte / hiermit nochmahls nachdrücklich und bei funfftzig Rthlr. Strafe verwarnen wollen / vorgedachten Personen / wann sie unter authorisirtem Attest von dem Gouverneur oder Commandanten zu Spandow aus dem Zuchthaus daselbst beybringen werden / daß sie solches Rasch- und Zeugmachen wohl und tüchtig erlernet / in keinerlei Wege weiter hinderlich zu seyn / sondern sie sowohl in ihre Zunfft als tüchtige Gesellen und Meister zu recipiren / als auch zum Bürgerrecht unweigerlich zu admittiren; dero Regierungen / Commissariaten / Kriegs- und Steuer-Kommissarien / wie auch Magistraten und andern Bedienten aber lassen Sie hiermit anderweitig allergnädigst und ernstlich anbefehlen / hierüber steiff / fest und mit gehörigem Nachdruck zu halten / die Contravenienten auch zu gehöriger Strafe zu ziehen. Uhrkundlich unter Sr. Königl. Majestät eigenhändigen Unterschrifft und vorgedrucktem Insiegel. So geschehen und gegeben zu Berlin / den 10. Novembris 1716.

(L. S.) Fr. Wilhelm.

F. W. v. Grumbkow.

Ob es diesesmal mehr fruchtete als das erste Mal, läßt sich nicht feststellen. Anzunehmen ist es nicht. Nur hören wir von 1716 an auf Jahrzehnte hinaus kein Wort mehr von der Entlassenenfürsorge.

Die Blüteperiode der alten Zuchthäuser, die Zeit, da in ihnen Ordnung, Sauberkeit und Zucht herrschte, war von kurzer Dauer. Je schneller mit der fortschreitenden Zivilisation die Abneigung gegen die Leibes- und Lebensstrafen wuchs, je häufiger also auf Freiheitsstrafe erkannt wurde und sich die Festungen und Zuchthäuser daher mit den heterogensten Arten von Verbrechern füllten, ja bald überfüllten, desto rascher ging der Verfall der Zuchthäuser vor sich[9]), bis sie zu Ende des 18. Jahrhunderts bei dem jammervollen Zustande ankamen, von dem uns Wagnitz in seinen Werken[10]) erzählt.

Politische Ereignisse, wie insbesondere die schlesischen Kriege mögen die Aufmerksamkeit der Regierung so in Anspruch genommen haben, daß man nicht Muße fand, sich fernerhin mit dem Schicksale der Verbrecher während und nach der Haft zu befassen. In den fast 70 Jahren die auf den Erlaß von 1716 folgten, hört man nichts mehr von Entlassenenfürsorge. Denn den, erst durch die Krim.-O. von 1805 (§ 555) aufgehobenen sog. „Abschied" d. h. die dem zur Entlassung kommenden Gefangenen als Denkzettel an die Strafanstalt auf den Weg gegebene „mäßige", „gewöhnliche" oder „tüchtige" Tracht Prügel wird man schwerlich als Fürsorge bezeichnen können[11])!

Welches war die notwendige Folge dieser gänzlichen Vernachlässigung der Gefangenen- und Entlassenenpflege? Ungebessert, ja schlechter geworden, verließen Scharen von Gefangenen die Zuchthäuser und Festungen und, jeglicher Existenzmittel bar, von Niemandem als den bisherigen Mitgefangenen unterstützt, schlossen sie sich dem Strom der fahrenden Leute, der abgedankten Soldaten,

---

[9]) v. Liszt, Lehrbuch des Deutschen Strafrechts. Paragraph: Die Freiheitsstrafe.

[10]) a) Über die moral. Verbesserung der Zuchthaus-Gefangenen. Halle 1787.
b) Historische Nachrichten u. Bemerkungen über die merkw. Zuchthäuser in Deutschland. Zwei Bände. Halle 1791 u. 1792.
c) Ideen und Plane zur Verbesserung der Policey- und Criminalanstalten. Drei Sammlungen. 1801—1803.

[11]) Rabe, Sammlg. Preuß. Ges. B. 5 S. 101, 103, 154. Auf eine dieser Arten mußte der Grad der Züchtigung im Urteil festgesetzt werden.

Bettler und Vagabunden an, die das ganze 18. Jahrhundert hindurch Deutschland durchzogen und unsicher machten.

Der auf diese Weise unheimlich anschwellenden Menge arbeitsfähiger, aber arbeitsloser Menschen gegenüber mußte die preußische Regierung auf Abhilfe bedacht sein. Der Gegenstand war ihr nicht neu: Von dem ältesten brandenburgischen Bettler-Edikte Kurfürst Joachim II. vom Donnerstag nach Kiliani des Jahres 1516[12]) angefangen, hatte sie in kurzen Zeiträumen an die hundert Erlasse zur Bekämpfung der Landstreicher- und Zigeunerplage ergehen lassen und sich dabei von seltener Fruchtbarkeit in der Erfindung neuer Maßnahmen gezeigt. Von verhältnismäßig milden Maßregeln anfangend, war man im Laufe der Zeit zu den schärfsten Maßnahmen: Sofortiges Hängen des beim Stehlen betroffenen Gesindels, Brandmarkung und Staupenschlag der unbefugt eindringenden ausländischen Bettler gedrungen, aber Alles vergeblich[13]). Die im dritten Betretungsfalle auf Lebenszeit bereits auf dem Edikt vom 10. April 1696[14]) angeordnete Einsperrung der Bettler in die Zuchthäuser wurde bei der Letzteren Überfüllung illusorisch.

Am schreiensten mußten die Zustände in der größten, der Hauptstadt, in Berlin werden; hier mußte man daher vor Allem auf radikale Abhilfe bedacht sein. Man hoffte sie in der Gründung besonderer Arbeitsanstalten für Vagabunden zu finden und schuf im Jahre 1742 das Arbeitshaus in Berlin, in welches „mutwillige Bettler zu ihrer Verpflegung oder Korrektion (daher Korrektionshaus) gebracht werden sollen“ [15]).

Das alte Leiden wurde dadurch aber nicht gehoben: Der größte Teil der Insassen mußte ja doch einmal, früher oder später, entlassen werden — und damit begann das Betteln und die Gefahr für die Bürgerschaft von Neuem.

Um diese Gefahr nach Möglichkeit hintanzuhalten, suchte man

---

[12]) Büsching, Magazin f. d. neue Historie. Teil XII (1778) S. 493.

[13]) Untersuchung, warum alle wider Bettler und Landstreicher bisher getroffenen Verfügungen unwirksam gewesen sind, von M. A. von Winterfeld bei von Rochow, Versuch über Armenanstalten. Berlin 1789. S. 40–69.

[14]) Rabe, Sammlg. Preuß. Gesetze I 1. S. 184.

[15]) (Fischbach) Histor. Beyträge d. Kgl. Preuß. Staat. betr. Teil II (1782) S. 273 ff.; Büsching, Magazin f. d. neue Historie Teil XII (1778) S. 500--504. Avertissement v. 30. Sept. 1747 (Mylius S. 201).

den Entlassungstermin, soweit angängig, hinauszuschieben. So bestimmte die Verordnung vom 16. Dezember 1772 zu 4[16]):

„Sollten diese eben erwehnte Personen nach Absitzung der ihnen wegen des Bettelns zur Strafe bestimmten Zeit kein erlaubtes Gewerbe oder andere Mittel z. B. Unterkommen bei ihren Verwandten, wodurch sie künftig ihren Unterhalt erhalten könnten, nachzuweisen im Stande seyn, würden sie dem Publico von neuem lästig werden, sie müssen daher, bis sie ein dergleichen anzufangendes Gewerbe oder anderes Versorgungs-Mittel glaubhaft machen können, ferner im Arbeitshaus behalten, jedoch wenn sie sich während der Zeit ihres Aufenthaltes in diesem Hause gut aufgeführt haben, in eine bessere Klasse versetzt werden, wo man ihnen vorkommenden Umständen nach, von demjenigen, was sie mit Spinnen verdienen, insofern es die Kosten ihres Unterhalts übersteigt, etwas zufließen lassen wird."

Dasselbe sagt auch das Reglement vom 4. Februar 1779 für das durch Erlaß vom 28. August 1776 errichtete Armen- und Arbeitshaus zu Creutzburg[17]). Entlassen durfte also Keiner werden, der nicht den Erwerbsnachweis führen konnte. Wenn dieses schon heute bei der teilweise vorzüglichen Organisation der Fürsorgevereine und der Großartigkeit der Verkehrsmittel für den, der vorläufig entlassen werden will, (§ 23 St.G.B. und Ausführungsbestimmung vom 21. Januar 1871) in vielen Fällen mit erheblichen Schwierigkeiten verbunden ist, wie schwer, ja unmöglich muß es dem damals im Arbeitshause Sitzenden gewesen sein! Die Folge war, daß man anfänglich die Korrigenden in Haft behielt, bald aber mußte man, schon um den neu Einzuliefernden Platz zu machen, auf ihre Entlassung — und damit auf ihr Unterkommen nach der Haft — bedacht sein.

Da sich Arbeitgeber, welche die Entlassenen freiwillig aufzunehmen bereit waren, nicht fanden, versuchte man, solche im Wege des Zwanges zu beschaffen.

Von der Ansicht ausgehend, daß „ein Mann, der sich von seiner Hände Arbeit nährt, nie ohne Schaden von seiner Heimat

---

16) Rabe, Sammlung; Bd. I Abt. 6 S. 36.

17) sogen. Korn'sche Schles. Edikten-Sammlg. Bd. 16 S. 97, Bd. 19 S. 537.

lange wegbleiben, am wenigsten der, welcher wo angesessen, ohne Nachteil der Wirtschaft sich in entfernte Gegenden verfügen kann", befahl das Reglement vom 1. Dezember 1782 [18]) wegen der zur Ausrottung des herumschweifenden lüderlichen Gesindels zu ergreifenden näheren Maßregeln: „nach ausgestandener Strafe müssen die Ausländer nach prästierter Urphede über die Grenze, die Einländer aber in ihre Geburtsorte durch den Schub gebracht werden."

Erläutert und ergänzt wurde diese Bestimmung durch das Zirkular d. d., Breslau, den 31. May und Glogau, den 12. Juni 1783, betreffend die Modalitäten wegen der nach ausgestandener Strafe durch den Schub nach ihrem Geburtsort zu bringenden einländischen Züchtlinge [19]).

Friedrich, König etc. Unsern etc. In dem Reglement wegen der zur Ausrottung des liederlichen Gesindels zu ergreifenden Maßregeln ist § 3 lit. c. festgesetzt, daß die Einländer nach ausgestandener Strafe nach ihrem Geburtsort durch den Schub gebracht werden sollen. Es geschiehet aber öfters, daß dergleichen Delinquenten, wenn sie ihre Strafe ausgestanden und durch den Schub an ihre Geburtsörter transportiert werden, entweder in dem etwas von der ersteren Station entferntem Orte ihrer Ronte nicht weiter gebracht, sondern wohl gar frey gelassen werden, dieselben dem Scholz und Gerichten nicht gehörig übergeben auch deren Ankunft der Grundherrschaft oder dem Justitiario*) nicht bekannt gemacht wird; ja es begiebet sich sogar, daß wenn man in der Gemeinde in Erfahrung bringet, daß ein aus dem Arbeitshause (d. h. dem Zuchthause oder der Festung. Arbeitshäuser in unserem Sinne gab es damals in Schlesien abgesehen von Creutzburg noch nicht) entlassener Einwohner angekommen, man demselben, besonders wenn er sich vorher an seinem Geburtsort selbst durch Dieberey oder auf andere Art vergangen, kaum ein Nachtlager verstatten will wodurch dann ein solcher Mensch sich genötigt siehet,

---

[18]) Schles. Edikt.-Sammlg., Bd. 17 S. 494.

[19]) Schles. Edikt.-Sammlg., Bd. 18 S. 41, auch Wagnitz, Histor. Nachr. Bd. I S. 349, 351.

*) Die Grundherren übten das ihnen zustehende Recht der Patrimonialgerichtsbarkeit regelmäßig nicht selbst aus, sondern ließen es durch einen Justitiar verwalten.

seinen Fuß weiter zu setzen. Nun hat selbiger keine Kundschaft, folglich nimmt ihn niemand in Dienste, wenn er auch Dienste suchet. Durch Betteln kann derselbe sich auch nicht forthelfen, da bey Strafe verbothen, denen Bettlern etwas zu geben, folglich wird er, durch äußerste Not gedrungen, wieder ein Vagabond oder ein Dieb. Es bestätiget dieses auch die traurige Erfahrung indem ein dergleichen aus dem Arrest entlassener Mensch öfters in 5 oder 6 Wochen wieder eingebracht wird und in der wider ihn angestellten Inquisition anführet, daß ihn wegen ermangelnder Kundschaft niemand in Dienst nehmen wollen und weil er sich durch Betteln nicht erhalten können, hätte er, um sich des Hungers zu erwehren, sich genöthigt gesehen, zu unerlaubten Mitteln zu schreiten, um Brod zu seinem Unterhalt zu erhalten. Um nun fürs Künftige diesem Unheil und denen daraus entstehenden übeln Folgen vorzubeugen, wird hiermit verordnet und festgesetzt:

„Daß ehe und bevor ein aus dem Arbeitshause zu entlassender Delinquent auf den Schub gegeben wird, der Grundherrschaft durch ein Schreiben notificiret werden soll, daß ihr ein Unterthan mittels des Schubes über die demselben zugleich anzuzeigenden Oerter wird zugesandt werden, wobey zugleich die Ankunft desselben nach der Entlegenheit des Ortes zu bestimmen ist. Kömmt der auf den Schub gegebene Entlassene nach Ablauf der Zeit nicht an; so hat die Grundherrschaft dem Creys-Landrath daran mit Beyfügung des Routen-Zettels sofort Anzeige zu machen, welcher sodann durch den Creys-Dragoner an denen Örtern, über welche der Transport desselben reguliret ist, dieserhalb Nachfrage halten muß, da dann bald zu eruiren seyn wird, ob der weitere Transport der auf den Schub gegebenen Person und wo unterlassen worden und wo der Schubzettel zurückgeblieben, in welchem Fall denn die einer Nachlässigkeit sich darunter schuldig gemachte Gemeinde mit der in vor angezogenem Reglement sub. Tit. G. darauf gesetzten Strafe, ohne alle Nachsicht beleget werden muß. Wenn nun aber 2) eine dergleichen Person an die Grundherrschaft wirklich abgeliefert worden, so ist selbige schuldig, dieselbe wenigstens auf ein Jahr gegen hinlängliche Kost und nothdürftiges Lohn in fleißige Arbeit anzustellen und auf deren Betragen genaue Aufsicht nehmen zu lassen, nach Ablauf dieses Jahres aber und auf den Fall, daß die Grundherrschaft sothane Person nicht ferner beybehalten will, selbiger eine Kundschaft oder Erlaubniszettel zu ihrem ferneren

Fortkommen zu ertheilen, auch dieselbe mit den nothdürftigen Kleidungsstücken zu versehen.

Wir befehlen euch diesemnach in Gnaden, diese unsere Allerhöchste Willensmeynung sofort . . . per Currendam bekannt zu machen.

Der Gedanke, die Grundherrschaft zur Versorgung der im Gebiete ihrer Patrimonialgerichtsbarkeit zuständigen Unterstützungsbedürftigen zu zwingen, der uns heute eigentümlich erscheint, war der damaligen Zeit geläufig; die Gutsherrschaften bildeten im Verein mit den Dorf- und Stadtgemeinden die Organe der öffentlichen Armenpflege[20]).

Mit dem Erlaß vom 31. Mai 1783 hebt der Zeitabschnitt an, in welchem die Fürsorge der Preußischen Staatsregierung für die entlassenen Gefangenen eine außerordentlich rege gewesen ist; niemals, weder vorher noch nachher, hat in Preußen das Interesse für die Strafentlassenen so sehr im Vordergrunde der administrativen Tätigkeit gestanden, wie damals.

Über die diesbezüglichen Arbeiten der Regierung, zumal in der Provinz Brandenburg, sind wir eingehend unterrichtet. Im Bd. XI der Annalen der Gesetzgebung und Rechtsgelehrsamkeit in den preußischen Staaten, herausgegeben von E. F. Klein (1793) sind auf S. 123—176 die ausführlichen Verhandlungen wiedergegeben, welche auf Anregung des Kammergerichtsdirektors Kircheisen zwischen dem Kammergericht und dem Großkanzler von Carmer[21]) über die Unterbringung der entlassenen Verbrecher geführt worden sind.

Indem ich auf den interessanten Inhalt der[22]) angeführten Berichte hiermit ausdrücklich verweise, gebe ich kurz den Gang und den Erfolg genannter Verhandlungen wieder:

---

[20]) S. Edikt von 1565 usw. (Mylius, Bd. V Teil V Kap. 1 S. 493ff., ferner Emminghaus, Das Armenwesen u. d. Armengesetzgebung, Berlin 1870, S. 41. — Die V. v. 18. Novbr. 1684 befindet sich in Mylius, Corp. Const. Magdeb. I, S. 92, 93. — Münsterberg, Die deutsche Armengesetzgebung, Leipzig 1887 § 27. — v. Schönberg, Handbuch d. polit. Ökonomie, 4. Aufl., Bd. III, Halbb. 2 S. 406—408.

[21]) Die Berichte gingen formell an den König und waren an den König „zur Erbrechung des Herrn Großkanzlers von Carmer" adressiert.

[22]) von Wagnitz, Histor. Nachrichten über Zuchthäuser, Bd. II, Teil 2, S. 159—191 kommentierten

Die unmittelbare Veranlassung zum Einschreiten bot der Fall eines gewissen Schmatzner, welcher mit einem von der letzten Züchtigung noch blutenden Rücken abermals zu stehlen genötigt wurde, weil er nach der Entlassung aus dem Zuchthause nirgends Unterkommen finden konnte. In dem Schreiben vom 6. Juni 1791 berichtet das Kammergericht an den Großkanzler über diesen Fall folgendermaßen: „Der Inquisit wurde nach ausgestandener Strafe mit zerfleischtem Rücken, arm und abgerissen aus dem Zuchthause entlassen. Kein Gastwirt wollte ihn aufnehmen, von der Obrigkeit, bei der er sich meldete, erhielt er ein Privatalmosen, keine Unterstützung, keine Anweisung für die Zukunft, auch die letzte erbettelte Herberge sollte ihm versagt werden, seine Not stieg nach der Natur der Sache mit seinen Bedürfnissen — er brach ein, stahl und ward methodisch von neuem ein Dieb. Dies ist die Geschichte sehr vieler Verbrecher."

Als Ursache dieser beklagenswerten Mißstände nennt das Kammergericht einmal die schlechte Einrichtung der Strafanstalten, zweitens aber den Umstand, daß der Übergang aus einer langwierigen Gefangenschaft in das freie bürgerliche Leben, ohne Unterstützung und Aufsicht geschieht, daß dem eingesperrt Gewesenen nicht gleich nach seiner Entlassung Mittel an die Hand gegeben werden, sein Brot ehrlich zu erwerben.

Das Kammergericht schlug als Abhilfe vor: Die zum Soldatendienst tauglichen jungen Männer alsbald nach der Entlassung als Rekruten einzustellen, die übrigen Elemente aber, Männer und Frauen, in zu errichtende Spinnhäuser unterzubringen, wie eine solche Spinnanstalt für schwächliche Arme bereits in Berlin von mehreren Kaufleuten mit gutem finanziellen Erfolge gegründet worden sei. Der Eintritt in diese Anstalten müsse ein ganz freiwilliger sein. Die vorgeschlagene zwangweise Unterbringung der Entlassenen in die im Entstehen begriffenen oder in Aussicht genommenen[23]) Landarmen- und Arbeitshäuser zu Strausberg, Branden-

---

[23]) Durch das Landarmenreglement f. d. Churmark vom 16. Juni 1791 (Rabe, Sammlg. Preuß. Gesetze, Bd. 2, S. 109—140.) In Preußen gab es damals die Arbeitshäuser in Berlin (gegr. 1742), Potsdam (gegr. 1774), s. (Fischbach) Historische Beyträge II 2, S. 280, Königsberg (gegr. 1756), Creutzburg (gegr. 1776) s. vorher.

Wegen der Entstehung des genannten L.A.R. f. d. Churmark s. (v. Bassewitz), Die Kurmark Brandenburg vor 1806, Leipzig 1847, S. 176 u. 279, 280.

burg, Tangermünde, Wittstock, Prenzlau oder Templin, bis zum Nachweise des ehrlichen Erwerbs hielt das Kammergerichts für zweckwidrig und zu hart[24]).

Was die Unterbringung beim Militär anlangt, so verhielt sich das Oberkriegskollegium diesem Vorschlage, wie es bereits im Jahre 1787 getan hatte, ablehnend, da eine solche Einrichtung mit dem bei dem Militärstande herrschenden und auf alle Weise aufrecht zu erhaltenden Point d'honneur incompatibel sei.

Von der Einrichtung besonderer Spinnhäuser versprach sich das vom Großkanzler befragte Generaldirektorium wenig, riet dagegen zur Unterbringung der Entlassenen in den zu erbauenden Landarbeitshäusern. Dieselbe sei für Leute, die nirgends Obdach, Wärme noch Unterhalt hätten, eine Wohltat, nicht wie das Kammergericht meine, erneute Strafe. Auch stehe es ihnen ja frei, sobald sie ein ehrliches Gewerbe nachweisen könnten, dieses Haus zu verlassen. Wo aber solche Anstalten nicht vorhanden seien, da müsse die Obrigkeit des Geburtsorts die bei ihr zuständigen Entlassenen als Tagelöhner anstellen; empfehle sich dieses wegen weiter Entfernung des Geburtsorts oder aus anderm Grunde nicht, so müsse für ihre Beschäftigung bei öffentlichen Bau- oder Gartenarbeiten gesorgt werden.

Die Angelegenheit war gerade im Einschlafen begriffen, als im Jahre 1793 ein neuer ebenso krasser Fall wie der des Schmatzner dem Kammergericht Veranlassung gab, von neuem auf den Gegenstand zurückzukommen und die unterbrochene Arbeit aufzunehmen. Dieses Mal handelte es sich um einen Fall, der sich im Glogauischen, also in einem Bezirke zugetragen hatte, in welchem der mehrerwähnte Erlaß vom Jahre 1783 publiziert und in Geltung war. Eine Gutsherrschaft hatte sich hier geweigert, den Anordnungen jenes Zirkulars nachzukommen und einen Entlassenen auf ein Jahr zu beschäftigen, — dieser war daher rückfällig geworden. Das

---

[24]) Die Unterbringung der Entlassenen in eigenen Werkhäusern hatte bereits Svarez in seinem Promemoria vom September 1786 empfohlen. (Stölzel, Carl Gottlieb Svarez, Berlin 1885, S. 245, 301. Der Gedanke der erneuten Unterbringung Entlassener findet sich auch bei Wieland, Geist der peinl. Gesetze, Leipzig 1783, Teil I, S. 434. v. Globig u. Huster, Vier Zugaben zu der Schrift von der Krim.-Gesetzgebg. Altenburg 1785, S. 115, 351. Wagnitz, Histor. Nachr., Bd. I, S. 218. v. Rochow, Versuch über Armenanstalten, Berlin 1789. Graf Kuefstein, Über den Nutzen der Arbeitsanstalten, Wien 1802.

Kammergericht, bei seiner Ansicht, daß Unterbringung im Arbeitshause, abgesehen von denen, die freiwillig um Aufnahme bäten, eine Strafe bedeute, verharrend, schlug vor, die Hauptbestimmungen jener schlesischen Erlasse von 1782 und 1783 zu verallgemeinern, riet aber, die Einrichtung des Schubes, also des Zwangstransports nach dem Entlassungsorte, durch einen Zwangspaß, also gebundene Marschroute, zu ersetzen.

Der Großkanzler von Carmer war in verschiedenen Punkten andrer Ansicht als das Kammergericht, er war Freund der allerdings subsidiären Unterbringung im Landarbeitshause, hielt es aber für zu weitgehend, jeder Grundherrschaft die Pflicht aufzuerlegen, einen jeden zuständigen Entlassenen zu ernähren, fand die Zwangspaßvorschriften zu kompliziert und machte dem Generaldirektorium entsprechend veränderte Vorschläge. Nachdem dasselbe ihnen zugestimmt, erging der Erlaß vom 22. Juli 1793, welcher am Schlusse besagt: „Ihr habt also nunmehro auf den Grund der bisherigen Verhandlungen und genommenen Abreden ein Reglement, wie es bei Entlassung der zur Festung- oder Zuchthausarbeit verurteilt gewesenen Personen nach ausgestandener Strafe künftig gehalten werden soll, zu entwerfen und dasselbe zur weiteren Verfügung einzureichen."

Diese mit Ungeduld erwartete[25]) Instruktion ist am 27. März 1797 ergangen, sie hat folgenden Wortlaut:

Es ist bisher vielfältig wahrgenommen worden, daß die von den Festungen und Zuchthäusern nach ausgestandener Strafe entlassene Personen, entweder durch Wiederholung der schon verübten, oder Vollbringung anderer oft noch strafbarerer Vergehungen gar bald die ihnen zu Theil gewordene Freyheit gemißbraucht, und ihre fernere, oft sogar lebenswierige Verhaftung notwendig gemacht haben. Dabey ist zugleich bemerkt worden, daß nicht immer gänzliche Verderbtheit der Verbrecher, sondern nicht selten blos die ihnen fehlende Gelegenheit, sich ihren nur notdürftigen Unterhalt rechtmäßigerweise erwerben zu können, die nächste Ursach jenes fortgesetzten strafbaren Betragens gewesen. — Um diesem Uebel vorzubeugen, und solchen oft noch nicht ganz verderbten Menschen,

---

[25]) Wagnitz, Histor. Nachr., Bd. II, Teil II, S. 191.

Mittel und Wege an die Hand zu geben, auf denen sie ihren wenigsten nothdürftigen Unterhalt auf eine rechtliche Art erwerben, und so wiederum nützliche Mitglieder der bürgerlichen Gesellschaft werden können, werden folgende nähere Bestimmungen,

wegen des bey ihrer Entlassung aus den Festungen und Zuchthäusern zu beobachtenden Verfahrens,

hierdurch vorläufig festgesetzt.

§. 1.

In Ansehung fremder Landstreicher, welche nirgend einen festen Wohnsitz haben, und wovon sie sich ernähren, nicht nachweisen können, als Betteljuden und dergleichen, hat es zuvörderst bey den Bestimmungen des allgemeinen Landrechts

§. 191. heqq. Tit. 20. Theil 2,

wornach selbige nach ausgestandener Strafe über die Gränze gebracht werden sollen, sein Bewenden. Jedoch müssen dergleichen Leute bey ihrer Entlassung, mit der nöthigen Bekleidung versehen, und die Kosten dazu vom abliefernden Richter, auf Rechnung dessen, dem die Kosten der Untersuchung zur Last fallen, auf Verlangen der Zuchthaus-Administration oder des Commandanten der Festung sofort hergegeben werden.

§. 2.

Alle übrige, ohne Unterschied des Alters, Geschlechts oder Standes hingegen, welche nach ausgestandener Strafe nicht über die Gränze gebracht werden, müssen umständlich darüber:

wohin sie sich nach ihrer Entlassung zu wenden, wodurch sie sich ihren Unterhalt zu erwerben gedenken, und ob sie Eltern, Kinder oder solche Verwandte haben, die für ihre Unterhaltung rechtlich zu sorgen verpflichtet, und im Stande sind,

vernommen werden.

§. 3.

Hierbey ist es nicht genug, wenn der zu Entlassende ganz im Allgemeinen angiebt, daß er dienen wolle, oder dergleichen, sondern er muß ganz bestimmt befragt werden: z. B. Bey wem er in Dienst zu gehen denke, u. s. w., um so viel als möglich der Richtigkeit der Angabe auf die Spur zu kommen, und die nachherige Prüfung der Obrigkeit des Orts, zu erleichtern.

§. 4.

Diese Vernehmung geschieht von dem inquirirenden Richter, ehe derselbe den Inquisiten zur Vestung oder in das Zuchthaus abliefert. Eine Abschrift des darüber aufgenommenen Protocolls wird den Garnisons-Gerichten oder dem Zuchthaus-Justitiario communicirt, um darnach und nach den unten folgenden näheren Bestimmungen, bey der künftigen Entlassung des Arrestanten zu verfahren. Ist schon erkannt, oder nach Beschaffenheit des Delicti voraus zu sehen, daß der Arrest Ein Jahr oder länger dauern werde; so muß der inquirirende Richter, das Garnisons-Gericht oder den Zuchthaus-Justitiarium zugleich requiriren, daß er 3 Monate vor dem Termine der Entlassung das Protocoll dem Arrestanten vorlege; ihn nochmals vernehme: ob und was für eine Veränderung in den Umständen, oder in seinen Gesinnungen und Entschliessungen, welche auf sein künftiges Fortkommen Einfluß haben, sich zugetragen, und daß er das hierüber aufgenommene Protocoll dem inquirirenden Richter baldigst zusende.

§. 5.

Hat der zu Entlassende, einen rechtlichen Nahrungszweig zu seinem fernern Unterhalte angegeben, und diese Angabe durch Umstände wahrscheinlich gemacht; so muß der Richter diese summarisch prüfen, und, wenn er sie gegründet findet, es dabey bewenden lassen.

Eben dieses tritt auch ein, (§. 2.) wenn der zu Entlassende Eltern, Kinder, oder solche Personen hat, die zu seiner Unterhaltung gesetzlich verpflichtet und im Stande sind; als in welchem Fall der Entlassene an diese verwiesen, und nur dem Richter des Orts Nachricht gegeben werden muß.

§. 6.

Erwählt der zu Entlassende einen Wohnort, der nicht unter der Gerichtsbarkeit des abliefernden Richters belegen; so muß dieser dem Richter des Ortes das aufgenommene Protocoll mittheilen, letzterer die verordnete Prüfung anstellen, und nach dem Erfolge derselben mit den Behörden der Festung und des Zuchthauses weitere Verabredung nehmen.

§. 7.

Damit jedoch ein seiner Grundherrschaft unterthäniger Mensch sich dieser seiner Verbindlichkeit nicht entziehen könne; so muß, falls er in dem schon oft bemerkten Falle, sich unter ihrer Gerichtsbarkeit nicht zurückbegeben wollte, auch ihr davon Nachricht gegeben werden. Verlangt sie alsdann, daß der zu Entlassende in ihre Dienste trete, und ist sie bereit, für seinen Unterhalt, oder daß er in den Stand gesetzt werde, sich diesen zu verschaffen, zu sorgen; so muß der Entlassene sich dahin verfügen, und es kommt auf seine fernere Wahl nicht an.

§. 8.

In den §. 5 bestimmten Fällen wird die Requisition von dem inquirirenden Richter, oder von dem Richter des Orts (§. 6.) an die Festungs- oder Zuchthaus-Gerichte (§. 4.) bloß dahin gerichtet, daß sie, wenn sich nicht inzwischen eine Veränderung zugetragen habe, den bisherigen Arrestanten bey seiner wirklichen Entlassung anweisen möchten, sich nunmehr geraden Weges an den Ort, der zu seinem künftigen Aufenthalt und Fortkommen bestimmt ist, zu begeben, unter der Warnung, daß, wenn er dieses nicht thun, sondern sich an andern Orten und sonst im Lande herumtreiben würde, er von den Landes-Polizey-Behörden als ein verdächtiger Mensch angesehen und behandelt, auch wenn zu der Zeit und in der Gegend, wo er sich solchergestalt herumtreibt, Verbrechen vorfallen, sein Herumtreiben, als eine Anzeige seiner Verschuldung und Theilnahme daran, angesehen werden solle.

§. 9.

Ist das Verbrechen, worauf die Zuchthaus- oder Festungs-Strafe erfolgt, so beschaffen, daß nach überwiegender Wahrscheinlichkeit weder ein Rückfall in selbiges zu besorgen, noch zu fürchten ist, daß dem Arrestanten, wegen des daraus im Publico wider ihn entstehenden Widerwillens und Mißtrauens, sein weiteres Fortkommen erschwert werden dürfte; so kann der inquirirende Richter einen solchen Menschen sich selbst überlassen, und das Requisitoriale an die Festungs- oder Zuchthaus-Behörde blos dahin richten, daß der Arrestant nach ausgestandener Strafe wiederum auf freyen Fuß gestellt werde.

§. 10.

Ist der Arrestant, welcher keinen der §. 2. beschriebenen Wege zu seinem künftigen Fortkommen nachweisen kann, ein wirkliches Mitglied einer Stadt- oder Dorfgemeine, oder anderer Corporation, die nach den bestehenden Gesetzen für ihre Mitglieder zu sorgen verpflichtet ist; so muß den Vorstehern dieser Corporation Nachricht von der erkannten Strafe und dem Zeitpuncte ihrer Endigung gegeben, und sie müssen aufgefordert werden, gegen diese Zeit die nöthige Vorkehrungen zu treffen, damit dem Arrestanten, wenn er sich nach der Entlassung bei ihnen meldet, Gelegenheit, sich seinen Unterhalt zu erwerben, sofort vers.haft und nachgewiesen werden möge.

Von dieser Verfügung wird zugleich der Gerichts-Obrigkeit des Orts Nachricht gegeben, damit diese vigiliren könne, daß die Vorsteher der Gemeine ihrer Verbindlichkeit ein Gnüge leisten.

Die Requisition an die Vestungs- oder Zuchthaus-Behörde (§. 4.) wird alsdann nur darauf gerichtet, den Arrestanten, bey seiner Entlassung, nach diesem Orte, unter der §. 8. erwehnten Warnung ausdrücklich zu verweisen.

§. 11.

Ist keiner der obigen Fälle (§. 5. 9. 10.) vorhanden; so liegt der Gerichts-Obrigkeit des Orts, wo der Arrestant die letzten 3 Jahre sich aufgehalten (forum domicilii) oder wenn er dergleichen nicht gehabt, der Obrigkeit des Geburts-Orts (forum originis) oder wenn er noch unter väterlicher Gewalt steht, den Gerichten des Wohnorts seines Vaters, die Verbindlichkeit, für ihn zu sorgen, und ihm Gelegenheit zum erlaubten Erwerb seines Unterhalts anzuweisen, ob; daher auch der inquirirende Richter oder der des Orts (§. 6.) insofern er nicht selbst judex domicilii oder originis ist, an diesen das Vernehmungs-Protocoll übersenden, und sein Requisitoriale an die Vestungs- oder Zuchthaus-Behörde eben so, wie in dem Falle des §. 10. einrichten muß.

§. 12.

Wird in beyden Fällen (§. 10. 11.) der zu Entlassende durch Alter, fortdauernde körperliche Schwäche und Krankheit, (denn in Ansehung solcher, die nur an temporären ihren Transport verhindernden Krankheiten leiden, muß ihre Herstellung vor ihrer Entlassung bewürkt werden) wenn auch nicht gänzlich, doch für jetzt verhindert, sich durch Arbeit seinen Unterhalt zu verschaffen; so muß vom Richter des Wohn- oder Geburtsortes für ihn gesorgt (§. 11.) und dabey überall nach den Grundsätzen verfahren werden, die von Unterhaltung eines hülfsbedürftigen Gemeingliedes (conf. Reglement vom 16. Juni 1791) bestimmt sind. Jedoch kann dieß nur so lange dauern, als sich der Entlassene in diesem Zustande befindet.

§. 13.

Ist zum Transport des zu Entlassenden eine Fuhre notwendig; so muß sich der Richter (§. 12.) bey der Provinzialkammer melden, und um einen Vorspann-Paß ansuchen, der ihm sodann ertheilet werden soll; indem Krüppelfuhren schlechterdings nach wie vor verbothen bleiben.

§. 14.

Tritt der §. 12. bemerkte Fall nicht ein, sondern fehlet es dem Entlassenen nur an einer Gelegenheit sich seinen Unterhalt zu erwerben; so schränkt sich die Verbindlichkeit der Commun-Vorsteher oder der Obrigkeit, nur auf Auswahl und Anweisung derselben ein.

§. 15.

Hier lassen sich nun zwar keine allgemeine Regeln vorschreiben; vielmehr bleibt die nähere Bestimmung, vorkommenden Umständen nach, dem vernünftigen Ermessen des Richters, oder desjenigen, der nach obigen Grundsätzen für die Unterbringung des Entlassenen zu sorgen schuldig ist, vorbehalten. Jedoch dienen folgende zum Beyspiel.

a. Bedarf die Gutsherrschaft, oder eines der Commun-Glieder, des Dienstes des zu Entlassenden zu Arbeiten und in der Landwirtschaft, die seinen Jahren und körperlichen Constitution angemessen sind, so muß dieser daselbst untergebracht, dabey aber von den Gerichten des Orts darauf, daß ein solcher Mensch bey dieser Art der Unterbringung sein notdürftiges Auskommen wirklich finde, ex officio gesehen werden.

b. Sind Spinnstuben in der Nähe, oder hat die Obrigkeit öffentliche Arbeiten, wobey Taglöhner gebraucht werden können, so muß sie sich mit den Entrepreneurs in Tractaten einlassen, und solchergestalt die Ansetzung des zu Entlassenden bewürken.

§. 16.

Kann aber dem Entlassenen auf keinem dieser Wege Arbeit verschafft werden; so muß der Richter oder diejenige Behörde, welche für die Unterbringung zu sorgen hat, sich bey der Provinzial-Kammer dahin verwenden, daß derselbe bey den öffentlichen Bauten, Grabenräumungen und dergleichen, angestellt werde.

§. 17.

Ist der Arrestant kein fremder Landstreicher, der über die Gränze geschafft werden kann, und gehört er doch auch nicht unter eine der obigen Classen, für welche Kammern und Gerichts-Obrigkeiten zu sorgen haben, (§. 10. 11.) oder kann von diesen wegen der weiten Entfernung, oder anderer besonderer Umstände halber, eine solche Vorsorge nicht gefodert oder erwartet werden; so ist es die Sache des inquirirenden Richters, sich der Unterbringung des zu Entlassenden nach Möglichkeit anzunehmen. Für Leute dieser Art, für welche der inquirirende Richter zu sorgen hat, müssen hauptsächlich die von der Krieges- und Domänen-Cammer zu suppeditirende Gelegenheiten benutzt werden.

§. 18.

Es hängt in allen Fällen von der Beurteilung desjenigen ab, welcher für die Unterbringung zu sorgen hat; ob der Entlassene an den ihm bestimmten Ort unter Aufsicht und Bedeckung transportirt werden solle; in welchem Falle es seine Sache ist, wegen des Transports die nöthigen Anstalten zu treffen, und die Festungs- oder Zuchthaus-Behörde davon zu benachrichtigen, die Requisitionen an die Militair-Behörden, dergleichen Leute auf Transporte zu nehmen, und sie solchergestalt an den Ort ihrer Bestimmung zu schaffen, werden in den meisten Fällen die sichere Ablieferung derselben erleichtern.

§. 19.

Wird aber ein solcher Transport nicht nöthig gefunden; so muß dem an die Festungs- oder Zuchthaus-Behörde zu entlassenden Requisitoriali ein Reisepaß, worauf der nächste Weg von der Festung oder dem Zuchthaus nach dem Bestimmungs-Orte des zu Entlassenden bemerkt ist, beygefügt werden.

§. 20.

Bey der Entlassung wird der gewesene Arrestant noch besonders erinnert, falls er auf dem angewiesenen Wege, seinen Unterhalt, ohne sein Verschulden nicht finden sollte, er sich wiederum bey seiner Obrigkeit melden müsse, die denn weiter für ihn sorgen werde, daß er auch in den §. 15 und 16 bemerkten Fällen, sofort entlassen werden würde, sobald er einen andern gewählten Nahrungszweig glaubhaft nachgewiesen, oder durch seinen anhaltenden guten Lebenswandel, den Aufsehern der Anstalt, dargethan hätte, daß ohne Nachtheil ihm die eigene Wahl seines Unterhaltes anvertrauet werden könne.

§. 21.

Zugleich wird dem Entlassenen der §. 19. bemerkte Paß eingehändigt, mit der Anweisung, den darinn bemerkten Weg nach seinem Bestimmungs-Orte, zu gehn; unter der §. 8 bemerkten Warnung. Auch wird ihm der erforderliche, nach der Weite des Weges zu bestimmende Zehrpfennig zugestellt. Diesen muß diejenige Behörde, welche für die Unterbringung überhaupt zu sorgen hat, der Festungs- oder Zuchthaus-Behörde in Zeiten einsenden.

§. 22.

Sollte der gewesene Arrestant bey seiner Entlassung einen von ihm selbst gewählten Nahrungsweg anzeigen, und erklären, daß er lieber diesen, als den für ihn vorgeschlagenen folgen wolle; so kann ihm dies zwar nicht versagt, jedoch muß sofort hievon dem inquirirenden Richter, und durch diesen dem Richter des Orts, wohin er sich begiebt, Nachricht gegeben werden.

§. 23.

Aus obigen Vorschriften folgt, daß die Correspondenz mit den Festungs- oder Zuchthaus-Behörden wegen des Verfahrens bey künftiger Entlassung des Arrestanten haubtsächlich durch den inquirirenden Richter zu führen sey. Es versteht sich jedoch von selbst, daß wenn die Gemein-Vorsteher oder die Gerichts-Obrigkeit in den Fällen des §. 10. 11. nähere dem inquirirenden Richter noch nicht bekannt gewesene Bestimmungen, über den Ort und die Art der Unterbringung, wegen der Art des Transports 2c., ausgemittelt haben, welche der Festungs- oder Zuchthaus-Behörde zu wissen nöthig sind, solche Gemein-Vorsteher oder Gerichts-Obrigkeiten mit gedachten Behörden unmittelbar darüber correspondiren müssen.

§. 24.

Jede Gerichts-Obrigkeit, die nach den vorstehenden Vorschriften, für die Unterhaltung der Entlassenen, entweder selbst sorgen, oder die erforderliche Requisitionen erlassen muß, hat dabey mit der möglichsten Sorgfalt und Schnelligkeit zu verfahren, da durch die angeordnete Untersuchung der Arrest der Gefangenen nicht verlängert werden kann, sondern zur Zeit der Entlassung alles völlig in Ordnung seyn muß; und werden daher die Landes Justiz-Collegia, besonders aber die Krieges- und Domainen-Kammern angewiesen, auf dergleichen Saumseligkeiten ein genaues Auge zu haben, und die Contravenienten zur gehörigen Untersuchung und Bestrafung zu ziehen.

§. 25.

Da auch der Richter sein vorzügliches Augenmerk dahin richten muß, dem Entlassenen ein fortdauerndes Auskommen zu verschaffen; so kann er sich nicht entziehen, falls der Entlassene auf dem bezeichneten Wege ohne sein Verschulden, seinen Unterhalt nicht finden sollte, dafür anderweitig zu sorgen; und wird die Krieges- und Domainen-Kammer vorzüglich dahin zu sehen haben, daß die Gerichts- und Gutsherrschaften ihren Pflichten darunter nachkommen. Nach dieser auf die allgemeine Sicherheit und das Wohl des Staates abzweckenden Verordnung, hat sich daher ein jeder, besonders die Gerichts- und Gutsherrschaften zu achten, und danach überall zu verfahren.

Gegeben Berlin den 27. März 1797.

(L. S.)

Auf Seiner Königlichen Majestät allergnädigsten Special-Befehl.

v. Blumenthal. v. Heinitz. v. Reck. v. Wöllner.
v. Goldbeck. v. Thulemeier.

Diese Instruktion hat durch die Vorschrift des § 563 der Kriminalordnung von 1805: „Vor jeder Ablieferung eines Verurteilten muß der Richter die Vorschriften der Instruktion vom 27. März 1797 genau befolgen" Gesetzeskraft erlangt.

Obwohl die Instruktion also nicht alsbald, sondern erst am 27. März 1797 erging, zeigten sich die Folgen der erwähnten Verhandlungen doch schon früher[26]). Während das Landarmenreglement für die Kurmark von 1791 die Kategorie der Entlassenen noch nicht erwähnt, bestimmt bereits das Reglement für die Landarmen- und Besserungsanstalt Tapiau in Ostpreußen vom 31. Oktober 1793 in den § 5 zu 10 und § 6: Verbrecher, welche nach überstandener Zuchthaus- oder Festungsstrafe sich nicht bessern oder sich auf andre gute Art sich nicht fortbringen können, werden ebenfalls dahin zur Arbeit abgeliefert. Diesbezüglich haben die Anstaltsvorsteher die Gefangenen, welche alsbald ein Unterkommen nicht nachzuweisen vermögen, zwei Monate vor der Entlassung zu befragen, ob sie sich nach derselben freiwillig in das Arbeitshaus begeben wollen. Bejahen sie die Frage, so ist ihrem Wunsche zu entsprechen und sollen sie im Arbeitshause „vorzüglich gut" behandelt werden; bestehen sie aber auf ihrer Entlassung, so wird ihnen auch in diesem Falle gewillfahrt, gleichzeitig ihnen jedoch bedeutet, daß sie sich bei Strafe der zwangsweisen Einlieferung binnen 8 Tagen nach der Entlassung zur Aufnahme in das Arbeitshaus zu stellen haben, wenn sie keine Arbeit finden sollten.

Ähnlich sagt das Landarmenreglement für Pommern vom 6. April 1799[27]).

Verbrecher, welche nach ausgestandener Zuchthaus- oder Festungsstrafe sich auf eine erlaubte Art nicht ernähren und solches nach-

---

[26]) Mir liegt folgendes Dokument d. d. Küstrin, den 30. Januar 1797 vor: Von Gottes Gnaden Friedrich Wilhelm König von Preußen pp.

Da der dortige Schneider Gottfried Sigismund Hoffmann, wegen des auf der Topper'schen Schneidemühle verübten Diebstahls, außer dem bisher erlittenen Arreste noch zu dreymonatlicher Zuchthausarbeit, nebst Willkommen und Abschied wiewohl salva fama verurtheilet worden ist: So machen Wir Euch solches zu Eurer Nachricht hierdurch bekannt. Wir werden jedoch durch die in den Akten vorkommende Umstände veranlaßt, Euch nach dem Antrage Unseres Criminal Collegii in Gnaden an zu befehlen:

dem Inquisiten Hoffmann nach ausgestandener Strafe, den fernern Aufenthalt in Sandow, als seinem Geburtsorte nicht zu verweigern, vielmehr Sorge zu tragen, daß derselbe dort eine Wohnung erhalte.

Das ist unser Wille. Wird sind Euch mit Gnaden gewogen.

Gegeben Cüstrin den 30. Januar 1797.

An
den Lieutenant v. Piper
auf Sandow p. Zibingen.

[27]) (Rabe, Sammlg., Bd. 5 S. 401) in § 4 zu f und § 5.

weisen können, werden, insofern sie keine Grundherrschaft haben, in die Arbeitshäuser abgeliefert, insofern sie aber Obrigkeit haben, können sie gegen Erstattung der Verpflegungskosten Aufnahme in den Arbeitshäusern finden. Auch alimentierungspflichtige Verwandte von Entlassenen können durch ein Abkommen mit der Anstaltsleitung dieselben im Arbeitshause verpflegen lassen.

Dasselbe bestimmt das Landarmenreglement für die Neumark vom 12. Mai und 19. September 1800[28]), nur daß hier auch von einem rechtlichen Erkennen auf Einbehaltung in einer Besserungsanstalt die Rede ist.

In den letzten beiden Erlassen, welche später als die Fürsorgeinstruktion vom 27. März 1797, nach der Publikation des Allgemeinen Landrechts vom 5. Februar 1794 und nach der Zirkularverordnung vom 26. Februar 1799 wegen Bestrafung der Diebstähle[29]) ergangen sind, zeigt sich bereits die Einwirkung dieser neuen Bestimmungen: Bei der oben erwähnten Meinungsverschiedenheit zwischen Großkanzler und Kammergericht über die Natur der Unterbringung Entlassener im Arbeitshause, ob dieses erneute Strafe oder Fürsorge sei, hatte sich die Regierung auf die Seite des Kammergerichts gestellt; in der Fürsorge-Instruktion wird die Unterbringung im Arbeitshause nicht erwähnt. Das Allgemeine Landrecht und die Zirkularverordnung von 1799 dagegen ordnen wiederholt die zwangweise Unterbringung Entlassener im Arbeitshause an.

Das vorliegende Thema handelt nur von eigentlichen Fürsorgemaßregeln des Preußischen Staates, die Aufnahme in die Arbeitshäuser kann aber als eine besondere Fürsorgemaßnahme für Entlassene nicht angesehen werden[30]), fällt also außerhalb des Rahmens unserer Aufgabe.

---

[28]) Rabe, Sammlg., Bd. VI S. 103 § 1 und 4 und S. 254 zu d.

[29]) Rabe, Sammlg., Bd. 5 S. 330.

[30]) Eigentliche Fürsorge f. die Entlassenen bedeutet nicht die Aufnahme freiwillig sich meldender Entlassener in die Arbeitshäuser und Werkhäuser, da dieses Recht ja jedem Arbeitslosen zustand, z. B. Neues Archiv der Preuß. Gesetzgebung, herausg. von Amelang Bd. II (1803) S. 92; Reglement v. 30. Sept. 1801 für die Besserungsanstalt im Berliner Arbeitshause (Rabe, Sammlg. Bd. 6 S. 592 § 5) u. Rosenfeld: Die Geschichte des Berliner Vereins zur Besserung der Strafgefangenen. Berlin 1901 S. 35; Schles. Cir-

Ein halbes Jahr nach Erlaß der Fürsorge-Instruktion bestieg Friedrich Wilhelm III. den Thron. Eine seiner ersten Taten war, aus den damals 42 preußischen Festungen und Zuchthäusern im ganzen 488 Gefangene im Gnadenwege zu entlassen[31]). Aus diesem Anlaß erging das Reskript vom 22. März 1798[32]), in welchem den Behörden zur Pflicht gemacht wird durch Besorgung von Arbeitsgelegenheit für die zu Entlassenden ihrem Rückfalle vorzubeugen. Sollte ein Gefangener den besonderen Wunsch ausdrücken, auch fernerhin in der Anstalt zu bleiben, so soll ihm gewillfahrt werden und ihm jede zuläßige Freiheit z. B. das Ausgehen in die Stadt gestattet werden.

Im folgenden Jahre, am 1. Februar 1799, erschien die interessante Kabinets-Ordre an den Großkanzler von Goldbeck und den Geheimen Etatsminister von Arnim[33]) in welcher es heißt: „Ebenso wichtig und fast noch wichtiger (als die Beschleunigung des Strafverfahrens) ist die Sorge für den Verbrecher nach ausgestandener Strafe. Ich habe bemerkt, daß sehr viele und darunter sogar solche, welche durch meine Gnade losgekommen sind, sogleich wieder neue Verbrechen begangen haben. Mehrenteils kann dieses wohl in der gänzlichen Verderbtheit des Verbrechers seinen Grund haben und alsdann bleibt zur Sicherstellung des Eigentums gegen Diebe und Räuber kein anderes Mittel als deren lebenswierige Einsperrung übrig. Ehe das Gesetz aber diese mit Gerechtigkeit verordnen kann, muß dafür gesorgt werden, daß der Verbrecher, wenn er seine Freiheit wieder erhält, sich seinen Unterhalt auf

---

cular v. 11. Okt. 1801 (Korn'sche Ed. Sammlg. S. 441; Kleinschrod: Systemat. Entwickelung der Grundbegriffe usw. Teil III (1805) § 34 usw.

Die zwangsweise Unterbringung Entlassener kann gewiß nicht als Fürsorge bezeichnet werden. Sie ist vorgesehen, außer an den oben erwähnten Stellen, auch z. B. in dem „Reglement für zwei Correctionshäuser in Schlesien" vom 31. August 1800 § 26 (Korn'sche Ed. Sammlg. S. 106 ff.), in der Verordg. v. 9. Aug. 1804 wegen Einrichtung des Arbeitshauses zu Groß-Salze (Rabe, Sammlg. Preuß. Ges. Bd. 8 S. 134 § 9 und den Citaten des vorstehenden Absatzes; s. auch v. Hippel: Die korr. Nachhaft S. 12 (zu Anm. I daselbst: Ein Fall der Anwendung von § 2 II 2 A.L.R. ist erwähnt in Matthis' Allgem. Jurist. Monatsschrift Bd. 6 S. 173, 174).

[31]) Jahrbücher der preuß. Monarchie. Bd. 2 von 1798 S. 440.

[32]) Rabe: Sammlg. Bd. 5 S. 88.

[33]) Bruchstücke über Verbrechen und Strafen. Berlin 1801 u. 1803. Anlage 6 zu Teil I.

eine redliche Weise erwerben kann, weil ohnedem die Verzweiflung ihn zu Verbrechen treibt, die er sonst vielleicht nicht begangen haben würde. Es ist Mir gesagt worden, daß hie und da hierauf abzweckende Privatunternehmungen statt gefunden haben sollen. Diese müssen auf alle Weise begünstigt, vom Staate aber auch selbst dafür gesorgt werden[34]). Ihr habt daher darauf zu denken, mit dem Generaldirectorio darüber zu conferieren und mir demnächst Vorschläge zu thun."

Dieser Auftrag wird in der Kabinets-Ordre vom 28. Februar 1801[35]) mit folgenden um die Wende des 18. Jahrhunderts oft zitierten Worten wiederholt: „Das beste Strafgesetz wird indessen den Zweck immer nur sehr unvollkommen erreichen, wenn nicht durch zweckmäßige Anstalten für die Besserung solcher Verbrecher, die dazu noch Hoffnung geben, auch dafür gesorgt wird, daß die aus den Gefängnissen zu entlassenden Verbrecher Gelegenheit und Mittel erhalten, sich ihren Unterhalt auf eine redliche Weise zu erwerben.

Derselbe Erlaß gibt unmittelbar nach jenen Worten den speziellen Auftrag, zur Gründung von Besserungsanstalten zu schreiten und ist der Ausgangspunkt für die große Reformbewegung auf dem Gebiete des Gefängniswesens geworden, die, damals beginnend, im Laufe des 19. Jahrhunderts wiederholt mit besonderem Nachdruck von neuem einsetzend, noch heute nicht ihren Abschluß in Preußen gefunden hat.

Bereits einen Monat darauf, am 5. April 1801, erschienen die „Grundsätze, nach welchen die in der allerhöchsten Kabinets-Ordre vom 28. Februar 1801 befohlene Einrichtung der in sämtlichen Preußischen Staaten anzulegenden Besserungsanstalten zu bewerkstelligen".[36]) Sie sehen die Gründung dreierlei Besserungs-Anstalten vor: Strenge Besserungsanstalten (heute Zuchthaus), Gelinde Besserungsanstalten (heute Gefängnis) und Werkhäuser (heute Arbeitshaus). Den Direktionen der Werkhäuser insbesondere wird zur ausdrücklichen Pflicht gemacht, ihr vorzüglichstes Augenmerk

---

[34]) Erst ein Vierteljahrhundert später verdichteten sich diese Bestrebungen in Preußen zur Gründung von Vereinen.

[35]) von Arnim, Bruchstücke Teil I Anlage No. 4.

[36]) Neues Archiv d. Preuß. Gesetzgebg. herausg. von Amelang, Berlin Bd. II (1803) S. 89 ff.

darauf zu richten, schickliche Gelegenheit zum Unterkommen für die Entlassenden auszumitteln. Wenn von Seiten des Staates Chaussee-Bauten, Grabenziehungen, Urbarmachungen usw. vorgenommen werden, so könne die dazu erforderliche Mannschaft vorzüglich aus den Werkhäusern genommen werden, wohin diese auch wieder zurückkommen müssen, wenn die Entreprise beendigt, oder wegen der Witterung unterbrochen werde. Auf gleiche Art können bei großen Bauten die Handlanger aus den Werkhäusern geliefert werden. Es seien die Entrepreneurs von Fabriken, Künstler und Professionisten aufzufordern, sich in den Werkhäusern geeignete Leute auszuwählen. Möglichst zu erleichtern sei der Wunsch um Arbeiter von Gutsbesitzern in Gegenden, wo es zur Ackerbestellung an Menschen mangele. Bei dem immer mehr zunehmenden Hange der Landleute, sich und ihre Kinder dem Ackerbau zu entziehen, würde es nützlich sein, wenn man durch die Besserungsanstalten brauchbare Hände zur Landwirtschaft bildete und zurückführte. Zu wünschen sei daher, daß zwischen den Direktionen dieser Anstalten ein rühmlicher Wettstreit entsteht, welche von ihnen jährlich die größte Anzahl von Entlassenen in Fabriken oder auf dem Lande so untergebracht habe, daß bei ihnen die landesväterliche Absicht der Besserungsanstalten völlig erreicht werde.

Die erste Besserungsanstalt, die auf Grund jener Kabinets-Ordre vom 28. Februar 1801 ins Leben gerufen wurde, war die im Arbeitshause zu Berlin.[37]) Das betreffende Königliche Reglement vom 30. September 1801[38]) befiehlt in § 35: „Für die baldige Unterbringung derjenigen, welche nach dem Ermessen des Directorio als Gebesserte entlassen werden sollen, muß die vorzüglichste Sorge getragen werden. Insofern sich keine Gelegenheit zum Unterkommen finden könnte, muß die Administration eine Aufforderung in den öffentlichen Blättern erlassen, diesen nach ihren Fähigkeiten zu bezeichnenden Personen Gelegenheit zu verschaffen, sich ihren Unterhalt zu erwerben.

Unter Mitwirkung der Vormünder und vormundschaftlichen Behörde muß die Veranstaltung getroffen werden, die zu entlassenden jungen Leute so bald als möglich bei Gewerksmeistern oder Herrschaften als Lehrlinge oder Gesinde unterzubringen. Überhaupt

[37]) Wegen Besserungsanstalten in Schlesien s. Circ. v. 11. Okt. 1801. Korn'sche Edict.-Sammlg. S. 441.

[38]) Rabe, Sammlg. Bd. 6 S. 591.

ist allen, welche sich bei der Administration persönlich oder schriftlich melden, um sich zum Betrieb der Landwirtschaft oder sonst zum Behuf von Fabriken und anderen Gewerben Arbeiter auszusuchen, die nötige Auskunft vollständig und getreulich zu erteilen und möglichst dahin zu sehen, daß unter schicklichen Bedingungen zwischen denjenigen, welche Arbeiter suchen und den zu Entlassenden das nötige Übereinkommen getroffen werde.

Am regsten auf die Fürsorge für die entlassenen Gefangenen bedacht waren die Behörden in Schlesien, wie ja hier auch das Zirkular vom 31. Mai 1783, das den Ausgangspunkt der heutigen staatlichen Entlassenenfürsorge[39]) und der Polizeiaufsicht über Entlassene bildet, ergangen ist. Die Fürsorge-Instruktion vom 27. März 1797 ist in Schlesien erst am 19. Mai 1802[40]) publiziert worden. Wir begegnen infolgedessen noch nach dem Jahre 1797 schlesischen Erlassen, die sich mit der Ausführung jener Zirkularverordnung von 1783 befassen. So bestimmt der Erlaß vom 29. November 1798[41]), daß die Zuchthausdirektion zu Brieg von der bevorstehenden Entlassung nicht nur der Grundherrschaft, sondern auch dem Land- oder Steuerrat Nachricht zu geben habe, damit diese dahin sehen, daß der Entlassene wirklich zu angemessener Beschäftigung angewiesen werde.

Die Fürsorge-Instruktion von 1797 wird in Schlesien durch das Publikandum über die Erweiterung der Korrektions-Anstalt zu Schweidnitz, vom 28. Oktober 1803[42]) dahin ergänzt: Diejenige Gerichtsobrigkeit, welche für die Unterbringung eines aus den Instituten zu Schweidnitz oder Creutzburg entlassenen Sträflings zu sorgen hat, muß wenigstens ein Jahr lang nach seiner Entlassung immer eine spezielle Aufsicht auf den Erwerb und das Betragen des Entlassenen führen, sich danach öfters erkundigen und an den vorgesetzten Land- oder Steuerrat, welcher über jeden solchen Entlassungsfall sogleich von der Administration zu Schweidnitz oder Creutzburg benachrichtigt werden muß, vierteljährlich berichten, wie der Entlassene seinen Unterhalt erwirbt und sich aufführt und jeder Land- oder Steuerrat muß selbst darauf sehen, daß dergleichen Entlassene während dieser Frist

[39]) s. v. Kamptz, Annalen 1818, S. 774.
[40]) Korn'sche Edict.-Sammlg. S. 93 ff.
[41]) Korn'sche Edict.-Sammlg. S. 180.
[42]) Korn'sche Edict.-Sammlg. S. 439.

vorschriftsmäßig in Arbeit und Aufsicht erhalten werden und er muß in dieser Hinsicht über jeden einzelnen Entlassenen 1 Jahr lang vierteljährlich der Administration in Schweidnitz oder Creutzburg genaue Nachricht geben, und die Administrationen werden ernstlich angewiesen, der Königlichen Kriegs- und Domänen-Kammer sogleich Anzeige zu machen, wenn Quartal-Nachricht nicht rechtzeitig eingeht.

Wie großen Wert man auf die Verschaffung einer Arbeitsstelle legte, erhellt aus der Bestimmung desselben Erlasses, daß der Korrigende vor Beschaffung einer solchen nicht entlassen werden durfte[43]).

Überhaupt war bei der Einlieferung in das Arbeitshaus auf eine bestimmte Zeit der letzte Tag dieser Frist regelmäßig nicht der der Entlassung. Vielmehr mußte mindestens stets der darauffolgende Sonntag abgewartet werden, um die Entlassung zu einer feierlichen kirchlichen Handlung zu machen. An diesem Tage versammelten sich sämtliche Beamte und Korrigenden beiderlei Geschlechts in der Anstaltskirche. Nachdem die Entlassungsordre vorgelesen und dem zur Entlassung Kommenden die zu gewärtigende Rückfallstrafe bekannt gemacht, hielt der Geistliche eine Ansprache, eine ernste Ermahnung: „Der entlassene Sträfling dankt mit stiller ehrerbietiger Verbeugung, wird sogleich von den übrigen Sträflingen einsam abgesondert, bis er, womöglich noch an demselben Tage, gemäß der Verordnung vom 28. Oktober 1803 der Gerichtsobrigkeit, die für ein Unterkommen nunmehr zu sorgen hat, zugeschickt wird", so befehlen es die Gesetze über die innere Verwaltung des Korrektionshauses zu Schweidnitz vom 8. Dezember 1803[44]).

Diese vom Besserungsprinzipe diktierte Maßregel der feierlichen Entlassung ist durch das Reskript vom 11. April 1842[45]) auf sämtliche dem Minister des Innern unterstellten Anstalten ausgedehnt worden.

---

[43]) Die gesetzliche Basis hierzu dürfte in der Bestimmung des § 5 II 20 Allgem. Landrechts liegen: „Diebe und andere Verbrecher, welche ihrer verdorbenen Neigungen wegen dem gemeinen Wesen gefährlich werden könnten, sollen, auch nach ausgestandener Strafe, des Verhafts nicht eher entlassen werden, als bis sie ausgewiesen haben, wie sie sich auf eine ehrliche Art zu ernähren im Stande sind". s. dazu auch oben Anmerkung 30 Absatz 2 am Ende.

[44]) Korn'sche Edict.-Sammlg. S. 468—481.

[45]) Min. Bl. S. 124.

Die drei erwähnten Verordnungen vom 31. Mai 1783, 27. März 1797 und 28. Oktober 1803 bilden die Grundlage einer Reihe weiterer schlesischen, sich mit der Entlassenenfürsorge beschäftigenden Erlasse, in denen teils die in den genannten Verfügungen bestehenden Vorschriften ergänzt, teils diese Vorschriften wegen nicht hinreichender Befolgung erneut veröffentlicht werden.

Zu der ersteren Gruppe zählt das Zirkular vom 13. Mai 1805[46]) wegen Befreiung der jüdischen Brodherren auf das erste Jahr von Erlegung der Schutzgefälle für die bei ihnen untergebrachten, aus der Korrektions-Anstalt zu Schweidnitz entlassenen vagabonden Juden; die Liegnitzer Regierungsverordnung vom 8. Juli 1811[47]), welche anordnet, daß die Anstaltsgeistlichen zu Jauer und Schweidnitz den Pfarrern des neuen Wohnorts der Entlassenen eine Charakteristik derselben senden, damit die Ortsgeistlichen von Zeit zu Zeit durch zweckmäßige Vorhaltungen dazu mitwirken, daß die Strafentlassenen in den bei ihnen erweckten guten Vorsätzen erhalten werden; endlich die Zirkulare vom 12. August 1805[48]) und 29. Juni 1816[49]), in welchen den Gerichtsobrigkeiten anbefohlen wird, in regelmäßigen Zeiträumen der Regierung, unter Benutzung eines vorgeschriebenen Formulars, über die Beschäftigung der in ihrem Jurisdiktionsbezirke befindlichen Entlassenen Bericht zu erstatten.

Letzteres Mittel schien gewiß geeignet, die Behörden zu zwingen, bezüglich der Unterbringung der Entlassenen ihre Schuldigkeit zu tun. Doch dem war nicht so: Die Berichte gingen teils überhaupt nicht, teils so verspätet ein, daß der Entlassungstermin der Gefangenen oft um Monate hinausgeschoben werden mußte. Die Regierungs-Erlasse vom 4. Juni 1817[50]), 10. Oktober 1817[51]), 21. August 1818[52]) und 31. Juli 1818[53]) wiederholen daher die bestehenden Bestimmungen[54]). Der Letztere sagt ferner: „Dieses

---

[46]) Korn'sche Edicten-Sammlung S. 360.

[47]) Amtsblatt S. 89.

[48]) v. Kamptz, Annalen S. 779.

[49]) Heinze, C. T. E., Die Einlieferung zur, und die Entlassung aus der Strafanstalt. Liegnitz. (Kuhlmey) 1836.

[50]) Liegnitzer Amtsblatt S. 193.

[51]) von Kamptz, Annalen S. 141.

[52]) von Kamptz, Annalen Nr. 74.

[53]) von Kamptz, Annalen S. 780.

[54]) Alle erwähnten Bestimmungen über die Entlassenenfürsorge beziehen sich in gleicher Weise wie auf die unmittelbar nach Verbüßung der Hauptstrafe zur

Verfahren ist unvereinbar mit der vorgeschriebenen Ordnung, welche kräftigst aufrecht erhalten werden muß, damit das Ganze nicht leide und das Gedeihen einer Einrichtung nicht gestört werde, welche nach Erfahrung dem Lande ebenso nützlich als nötig ist. Es ist der Anstaltsdirektion weder zuzumuten, noch möglich, die zu entlassenden Korrigenden in der Nähe der Anstalt unterzubringen. Die Gerichtsobrigkeiten und Polizeibehörden der Angehörigkeitsorte der Entlassenen sind vielmehr schuldig, den letzteren irgend ein Unterkommen zu verschaffen. Alle Gerichtsobrigkeiten und Ortspolizeibehörden des Bezirks, welche künftig wieder zu gegründeten Beschwerden wegen Nichtbeachtung der vorstehenden Vorschriften Veranlassung geben, haben zu gewärtigen, daß alsdann auf die Anzeige der Anstaltsdirektion die Strafe von 2 Silbergroschen Courant für jeden Verzögerungstag gegen sie festgestellt werden wird". Doch auch diese Strafandrohung half nicht viel — die Ausführung der Absicht des Staates, den Strafentlassenen von Amts wegen Arbeit zu ermitteln, war eben nicht durchführbar. Höheren Orts verschloß man sich jedoch gänzlich dieser Tatsache, man glaubte ferner lediglich an den bösen Willen der Behörden und fuhr fort, die Bestimmungen der Fürsorge-Instruktion vom Jahre 1797 zu wiederholen[55]. Am weitesten hierin geht das neue Reglement für die Straf- und Besserungsanstalten zu Spandau und Brandenburg vom Jahre 1824, dessen Ausdehnung auf sämtliche Strafanstalten Preußens geplant war[56], und das Publikandum

---

Entlassung kommenden Gefangenen auch auf diejenigen, welche gemäß der Zirkular-Verordnung vom 26. Februar 1799, wegen Bestrafung des Diebstahls (Rabe, Sammlg. Bd. V S. 330) nach Absitzen der Hauptstrafe zur Detention bis zum Erwerbsnachweis, bis zur Besserung oder bis zur Begnadigung verurteilt und dann erst entlassen wurden. S. Erlasse vom 23. Januar, 10. April und 27. Mai 1819 (von Kamptz' Annalen S. 198, 460, 463) 11. Dezember 1821 (Annalen 1822 S. 157) § 4 des Auszuges aus dem Spandauer Reglement (Annalen 1824 S. 544) usw. Nachdem bereits der Min.-Erl. v. 30. Septbr. 1841 (Min.-Bl. S. 283) die genannte Detention bis zum Erwerbsnachweis als ihren Zweck verfehlend, ja für sehr bedenklich, bezeichnet hatte, erfolgte die Aufhebung der Zirkular-Verordnung von 1799 durch Verordnung vom 18. Dezember 1848 (Ges.-Sammlg. S. 423) und das Gesetz vom 11. März 1850 (Ges.-Sammlg. S. 174).

[55]) So z. B. § 25 der Hausordnung f. d. Arbeitshaus zu Benningshausen vom 26. Januar 1821 (v. Kamptz, Annalen S. 126 ff.).

[56]) Krohne u. Uber: Die Strafanstalten und Gefängnisse in Preußen. Berlin 1901 S. XV.

vom 25. Mai 1824[57]). Jeder Sträfling, bei dem nicht ein Rückfall völlig ausgeschlossen erscheint, muß gleich nach der Einlieferung in die Anstalt, und wenn die Strafzeit über ein Jahr dauert, nochmals drei Monate vor dem Entlassungstage umständlich vernommen werden, ob er eine bestimmte Gelegenheit zum künftigen Unterkommen nachweisen könne. Vermag er eine solche zu benennen, so wird die Wahrheit seiner Angabe durch Rückfrage bei der Polizeibehörde des vom Sträfling bezeichneten Ortes geprüft. Beruht die Angabe auf Unwahrheit, oder vermag der Gefangene überhaupt Niemanden zu nennen, der sich seiner bei der Entlassung annimmt, so ermittelt die Anstaltsdirektion sein gesetzliches Domizil gemäß den bestehenden Vorschriften[57]). In welcher Art die Kommune einen Ortsangehörigen, der keine zur Erwerbung des notdürftigsten Unterhaltes hinreichende Arbeit finden könne, Gelegenheit zum Erwerb zu gewähren habe, lasse sich nicht durch allgemeine Regeln vorschreiben, vielmehr müsse die nähere Bestimmung der Arbeit nach den Umständen dem vernünftigen Ermessen der Ortsbehörden überlassen werden. Jedoch seien die meisten Fälle nach folgenden Beispielen zu behandeln.

Zunächst sei dem Arbeitslosen die Fortsetzung des gelernten Handwerks oder sonst gewohnten Broterwerbs zu erleichtern. Können Privatpersonen seine Dienste zu Beschäftigungen, die seiner körperlichen Beschaffenheit und Fähigkeiten angemessen seien, in Landwirtschaften, Gewerben, Manufakturen oder Fabriken gebrauchen, so würde derselbe darin, gegen verhältnismäßigen Lohn, untergebracht. Bedürfen Kommunen oder öffentliche Anstalten, oder Entrepreneurs dergleichen Arbeiter zu öffentlichen Bauten, Wegebesserungen und Bepflanzungen, Grabenräumungen, Forst- oder Chausseedienſten, zum Steinbrechen, Sandfördern usw., so würden sie dazu gegen gewöhnlichen Tagelohn verdungen, der ihnen entweder in Beköstigung oder in Geld verabreicht würde. In Ermangelung solcher Beschäftigung müsse ihnen eine andre Art von häuslichen Arbeiten, die leicht zu erlernen sei, keinen größeren Apparat erfordere und deren Fabrikate mit dem wenigsten Risiko abzusetzen seien, angewiesen werden. Solche Arbeitsarten seien vorzugsweise Spinnen

---

57) Für die Kurmark, Neumark u. Pommern vom 8. Sept. 1804 (Rabe, Sammlg. Bd. 8 S. 165); für Schlesien die Verfüg. v. 30. März 1826 (Liegnitzer Amtsbl. S. 124).

und Stricken, die Materialien Wolle und Flachs; am besten geschehe die Arbeit in einem Werkhause unter Aufsicht; doch könne sie demjenigen, der sich treu und ordentlich zeige, auch in seine Wohnung mitgegeben werden. In öffentlichen Arbeitsstuben seien ferner Federreißen, Netzestricken, Tauflicken usw. dienliche Beschäftigungsarten. Gehörig eingerichtete Arbeitsanstalten seien nur in größeren Städten zu verlangen, aber auch in den kleineren würden einzelne, der Kommune gehörige Räume zur Anlegung einiger Arbeitsstuben nicht fehlen oder dergleichen Mietsräume in Privathäusern zu finden sein. Es würde daher erwartet, daß die Magisträte allgemein mit der Einrichtung solcher Arbeitsstuben zur Beschäftigung der ortsangehörigen Arbeitslosen den Anfang machen werden, wobei zunächst für einen tüchtigen Hausvater oder Aufseher, und für Trennung der männlichen von den weiblichen Arbeitern zu sorgen sei. Von diesem Aufseher würden auch diejenigen Arbeitssuchenden, welche in ihren Wohnungen spinnen können, die Wolle in Empfang nehmen und sie wieder an ihn abliefern. Wer von den erhaltenen Materialien und Gerätschaften aus Nachlässigkeit, etwas verderbe oder veruntreue, unbrauchbare Arbeit liefere oder sich faul finden lasse und des Aufsehers Ermahnung nicht achte, könne mit Abzügen vom Verdienst, Arrest bei Wasser und Brot und andern Polizeistrafen belegt werden. Die Art der Arbeit und das Pensum bestimme die Ortsbehörde nach den Kräften und Fähigkeiten des Arbeiters; der letztere wurde aber, sobald er irgend anderswo freiwillige Beschäftigung oder Unterkommen finden könne, sofort von der ihm angewiesenen Arbeit entlassen; der nur notdürftig zu gewährende Tagelohn müsse ihm den Wunsch übrig lassen, sich einen andern rechtlichen Verdienst zu verschaffen, so daß er bewogen würde, sich darum ernstlich zu bemühen und sich dazu durch Fleiß und Geschicklichkeit noch fähiger zu machen. Die Ortsbehörde müsse den Arbeitsuchenden mit seinen hierauf abzweckenden Vorschlägen jederzeit hören und ihn von Zeit zu Zeit darüber vernehmen. Wenn bei der von den Ortsbehörden zu gewährenden öffentlichen Arbeit auch zuweilen aus den Kommunalfonds zuzusetzen sei, so würde dies doch durch Verminderung der Armenlast, des Bettelns und Vagabondierens und durch andern moralischen Gewinn, hinreichend wieder eingebracht.

Doch nicht nur mit strengen auch mit milden Worten wurde versucht, die Behörden zu veranlassen, sich um das Schicksal der ihnen zugesandten Entlassenen zu bekümmern. „Die Ortsbehörden, so heißt es im Publikandum der Regierung zu Münster[58]) vom 4. Juni 1826[59]), können ihren schönen Beruf zur Beförderung der allgemeinen Wohlfahrt und Sicherheit nicht besser betätigen, als wenn sie eine wohlwollende Hinneigung gegen Verirrtgewesene bezeugen, ihnen mit Rat und Tat an die Hand gehen und diese, als ihnen vom Staate besonders Überwiesene, mit Liebe und Schonung, aber auch zur ersten Zeit mit Strenge behandeln. Nur dadurch erfüllen sie die höhere und wohltätige Absicht des Gesetzgebers, und nur so wirken sie für den edelsten Zweck der höheren Polizeiverwaltung — Veredlung verirrt gewesener Individuen, Verhütung neuer und wiederholter Verbrechen durch dieselben und größere Sicherheit der Personen und des Eigentums."

Der letzte Erlaß, der lediglich die bestehenden Vorschriften über die Vermittlung von Arbeit für die Strafentlassenen durch die Ortsbehörden wiederholt und die Landräte veranlaßt, auf ihre Befolgung streng zu achten, datiert vom 30. März 1833[60]). Vom Jahre 1833 an tritt bei der staatlichen Sorge für die Strafentlassenen die Mitarbeit der Fürsorgevereine auf die Bildfläche, anfangs im Hintergrund, allmählich mehr und mehr vortretend und die eigentliche Fürsorgearbeit der Behörden verdrängend.

Im selben Jahre, am 16. August 1833[60a]) erging die Zirkularverfügung der Regierung zu Breslau, in welcher es nach Erneuerung der bestehenden Vorschriften wegen Beschäftigung der Strafentlassenen heißt: „Allein wir finden zur Erreichung unsers Zwecks für das wirksamste Mittel, die entlassenen Sträflinge und Korrigenden zu bessern und für die bürgerliche Gesellschaft nicht nur unschädlich, sondern auch nützlich zu machen, in der Bildung von Vereinen zur Besserung und Beschäftigung oben gedachter Subjekte.

Die Personalakten, welche uns von jedem in das Korrektionshaus zu Verurteilenden vorgelegt werden müssen, beweisen unwiderleglich, daß zwar manche aus Bosheit oder unüberwindlicher

---

58) Auch Erlaß derselben Regierung vom 18. September 1818 (v. Kamptz, Annalen, S. 787)

59) v. Kamptz, Annalen, S. 794.

60) v. Kamptzsche Annalen S. 167.

60a) v. Kamptz, Annalen No. 110.

Neigung zum Vagabondieren oder Nichtstun sündigten; eine sehr große und die überwiegende Mehrzahl würden aber durch Mangel und Not, namentlich durch ihnen mangelnde Gelegenheit zu nützlicher Beschäftigung herbeigeführt, zur Rückkehr zu ihrer früheren unerlaubten Lebensart verleitet. Ganz besonders bleibe es außer Zweifel, daß, wenn den aus gedachten Anstalten Entlassenen immer sogleich eine Gelegenheit zum ehrlichen Broterwerbe nachgewiesen worden, sie auch gleichzeitig strenge beaufsichtigt werden, ohne ihnen jedoch ihre früheren Vergehen und erlittenen Strafen vorzurücken (indem dergleichen Vorwürfe fast immer nur nachteilige Eindrücke machen müssen), die meisten einen ehrlichen Broterwerb dem Müßiggange und Vagabondieren, Betteln usw. vorziehen würden."

Es erfordere daher nicht nur die Pflicht der Religion und der Menschlichkeit, sich solcher Personen anzunehmen, sondern auch das eigene Interesse der Kommunen, denen sie angehören, eine solche Maßregel zu befördern, die dergleichen Unheil vorbeuge.

Die Kommunen würden sich nämlich dadurch künftig die Kosten der unentgeltlichen Armenpflege, die Gerichtsobrigkeit die Kosten der Untersuchung solcher Vergehen, zu welchen dergleichen Personen oft aus Not und Arbeitslosigkeit verleitet werden, ersparen und die ganze bürgerliche Gesellschaft gewinne an Ruhe und Sicherheit, wenn aus Verbrechern nützliche Arbeiter umgeschaffen würden.

Ein dergleichen wohltätiger Zweck könne jedoch erfahrungsmäßig nur am sichersten durch Vereine wohlgesinnter Personen erreicht werden, die aus Mitgliedern aller Stände bestehen.

Zuweilen würden allerdings kleine Geldaufwendungen dazu erforderlich sein, um den entlassenen Sträflingen, die keinen hinreichenden Nebenverdienst aus der Strafanstalt mitbringen, die Mittel zu verschaffen, sich die nötigsten Vorräte, Werkzeuge usw. zur Betreibung ihrer Gewerbe anzukaufen. Indessen komme es in den meisten Fällen weniger auf bare Geldbeiträge, als darauf an, daß die Mitglieder eines solchen Vereins sich anheischig machen, entlassenen Sträflingen usw., besonders solchen, die in den Strafanstalten Reue, Fleiß und guten Willen, sich in Zukunft auf eine redliche Art zu ernähren, gezeigt haben, Arbeit zu verschaffen oder sie in Lohn oder Dienst zu nehmen.

„Wir empfehlen daher den Königlichen landrätlichen Ämtern dringend diese Angelegenheit, durch welche in der Rückwirkung nicht bloß das Interesse einzelner Individuen, denen eine menschenfreundliche Vorsorge gewidmet würde, sondern auch das Interesse des ganzen Kreises selbst hervorgehe, den Ständen auf den Kreisversammlungen und auch den übrigen Einsassen auf geeignetem Wege ans Herz zu legen und wo möglich, einen Verein zur Beschäftigung der aus Straf- und Besserungsanstalten entlassenen Personen zu errichten.

Es würden alsdann, wenn ein so wohltätiger Verein zustande kommen sollte, die Direktionen des Königlichen Arbeitshauses zu Brieg und des Korrektionshauses zu Schweidnitz anzuweisen sein, sich mit diesen Vereinen in nähere Beziehung zu setzen und dem betreffenden Vereine vor jeder Entlassung eine möglichst genaue Charakteristik des zu Entlassenden in Zeiten mitzuteilen, damit der Verein noch die erforderliche Zeit erhalten möge, vor der wirklichen Ankunft des zu Entlassenden für dessen Unterkommen möglichst zu sorgen."

Unterdessen nämlich waren in Preußen an zahlreichen Orten Vereine gegründet worden, die sich neben der Sorge für den Gefangenen während der Haft die Verschaffung von Arbeit für die Entlassenen zur Aufgabe gesetzt hatten; so die Rheinisch-Westfälische Gefängnis-Gesellschaft[61]) zu Düsseldorf (gegründet 1826), der Verein zur Besserung der Strafgefangenen in Berlin[62]) (gegründet 1827), ferner Vereine in Potsdam, Brandenburg, Landsberg, Wittenberg, Nauen, Liegnitz, Danzig, Schleswig, Nassau usw. usw.[63]).

Die Bewegung, welche die Gründung dieser zahlreichen Vereine in so kurzer Zeit ins Leben gerufen hatte, ebenso wie die Tätigkeit, welche von den bereits gegründeten Vereinen ausging, war eine so intensive, daß sie mit außerordentlicher Schnelligkeit ihren entscheidenden Einfluß auf die Maßnahmen der Preußischen Staatsregierung ausübten: Der erste Verein war 1826 gegründet worden und bereits 1835 gibt der Staat den Grundsatz, an dem er seit 1783, also über 50 Jahre lang, mit besonderer Energie

---

[61]) v. Rohden, Geschichte d. Rhein.-Westfäl. Gefängnis-Gesellschaft, Düsseldorf 1901.

[62]) Rosenfeld, E., Die Geschichte des Berliner Vereins zur Besserung der Strafgefangenen. Berlin 1901.

[63]) Jahrbücher der Straf- und Besserungsanstalten usw., herausgegeben von N. H. Julius, Berlin 1829 ff.

festgehalten hatte, nämlich das Prinzip, daß der Entlassene auf dem kürzesten Wege mittels Transports oder Zwangspasses[64]) ohne Aufenthalt nach seinem Domizile zu schaffen sei, offenbar mit Rücksicht darauf, daß es dem Entlassenen jetzt Dank der an vielen Orten bestehenden Vereine und der durch sie verbreiteten humanen Ansichten möglich ist, auch anderswo Arbeit zu finden, endgültig auf. Der Minister des Innern befiehlt unterm 22. April 1835[65]): „Ich bin damit einverstanden, daß es dem entlassenen Sträfling zu gestatten ist, auf dem Wege nach seiner früheren Heimat an dem Orte zu verbleiben, wo er sein Unterkommen findet und sich auf eine ehrliche Art ernähren zu können glaubt; daß in solchen Fällen die Polizeibehörde des im Zwangspasse angegebenen Bestimmungsorts durch die Behörde des neu erwählten Wohnorts von der Aufnahme des Entlassenen an letzterm besonders benachrichtigt werde, erscheint nicht anrätlich," weil zu befürchten steht, daß dadurch die Verhältnisse des bestraften Ankömmlings mehr zur Sprache kommen und ihm seine Aufnahme an dem neu gewählten Orte erschwert werden möge.

Von da an geschieht der Fürsorgeinstruktion vom 27. März 1797, mit Ausnahme des § 8, der die Verwarnung der zu Entlassenden enthält, und der erst mit dem § 136 des Rawitscher Reglements vom 4. November 1835 formell außer Kraft gesetzt worden ist[66]), keine Erwähnung mehr, obwohl sie, in den § 563 der Kriminalordnung von 1805 aufgenommen und damit zu einem integrierenden Bestandteil[67]) dieses Gesetzes erhoben, erst mit Einführung der St.P.O. die Geltung verloren hat.

Die unmittelbare Sorge, dem entlassenen Verbrecher Arbeit und Unterkommen zu verschaffen, überläßt der Staat nunmehr den Organen der freien Liebestätigkeit; er selbst beschränkt seine Tätigkeit in der Hauptsache darauf, die Arbeit der Fürsorgevereine zu unterstützen und zu fördern.

---

[64]) Instruktion von 1797 (s. oben), Erlasse v. 25. Febr. 1813 (v. Kamptz, Annalen 1818 S. 777) 2. Oktober 1817 (ebenda Heft IV S. 193), § 1 des Spandauer Reglements von 1824 (ebenda S. 542).

[65]) v. Kamptz, Annalen S. 464.

[66]) Die amtliche Neuausgabe des Rawitscher Reglements vom Jahre 1868 bezeichnet bereits die Bestimmungen des § 136 als obsolet.

[67]) S. z. B. Erl. v. 11. Juni 1836 (v. Kamptz, Annalen S. 436).

Teil II.

1835—1904.

„Jeden Groschen, den wir für die präventive Tätigkeit ausgeben, ersparen wir in Mark nachher beim Strafvollzug."

(Staatsminister Frh. von Rheinbaben in der Sitzung des Preuß. Abgeordnetenhauses vom 16. Februar 1900.)

Durch Reskripte vom 25. Dezember 1835[67]) wurde das Reglement für die Strafanstalt Rawitsch vom 4. November 1835 auf sämtliche preußischen Straf- und Korrektions-Anstalten ausgedehnt. Der von der Entlassung der Gefangenen handelnde Abschnitt erwähnt nicht mehr eine prinzipielle Verpflichtung der Anstaltsdirektion und der Ortsgemeinden dem Gefangenen vor der Entlassung Arbeit zu verschaffen; der § 133 sagt nur nebenher, daß in allen Fällen, wo für einen inländischen Sträfling entweder durch unmittelbare Bemühungen der Direktion oder durch Vermittelung des Vereins zur Versorgung für entlassene Sträflinge ein bestimmtes Unterkommen ermittelt ist, der Sträfling, sofern er nicht ein anderes bestimmtes Unterkommen inzwischen nachgewiesen hat, dorthin dirigiert werden muß. Gleichwohl wird den Beamten, zumal den Vorstehern[68]) und Geistlichen[69]) zur besonderen Pflicht gemacht, das Interesse für die Fürsorge in der Bevölkerung zu wecken und dahin zu wirken, daß durch zweckmäßige Einrichtung und lebendiges Zusammenwirken der Fürsorgeorgane mit den Strafvollzugs- und Polizeibehörden der Erfolg der Fürsorgetätigkeit möglichst gefördert werde.

---

[67]) v. Kamptz, Annalen S. 1080.

[68]) Dienstordnung für die dem Minister des Innern unterstellten Anstalten vom 14. Nov. 1902 § 12 und 192.

[69]) Instruktion vom 24. Oktober 1859 § 3 (J.M.Bl. S. 346) Erlaß vom 31. Januar 1859 Nr. 7 (Mitteilungen über die Strafanstalten des ~~Ministeriums~~ des Innern 1858/1860. Berlin 1861 S. 122 ferner S. 124 ff.) Dienstanweisung vom 9. Juli 1900 (Verordnungsblatt f. d. Strafanstaltsverwaltg. S. 84), Dienstordnung vom 14. November 1902 § 27.

Das Interesse der Staatsregierung an der Bildung von Fürsorgevereinen war in den 30er und 40er Jahren des 19. Jahrhunderts in Preußen ein außerordentlich reges: Die Statuten des Berliner Vereins zur Besserung der Gefangenen vom 12. November 1827 wurden ebenso wie die Tatsache, daß der Kronprinz das Protektorat über denselben übernommen, daß der König dem Verein die Portofreiheit verliehen hatte, in gleicher Weise wie die Erfolge dieses und anderer Vereine, in sämtlichen preußischen Amtsblättern offiziell bekannt gemacht. Die westlichen Regierungen wetteifern, ihr Interesse für die Sache zu zeigen: Der Regierungspräsident zu Cöln[70]) befiehlt den Polizeibehörden, den Hilfsvereinen der Rheinisch-Westfälischen Gefängnisgesellschaft alsbald von dem bevorstehenden Eintreffen eines Entlassenen Kenntnis zu geben, der zu Münster[71]) gestattet seinen Anstalten, die Zinsen der Überverdienstgelder der Gefangenen dem Fürsorgeverein zu Münster für solche Entlassene zu überweisen, welche, obwohl fleißig, keine Arbeitsprämie erworben haben u. s. w.

Den Höhepunkt aber erreichte der Eifer der Behörden, als der König in der Kabinets-Ordre betr. die Verbesserung des Gefängniswesens vom 24. Juli 1837[72]) befahl:

„Wiewohl ich die Ansicht teile, daß die Wirksamkeit der Vereine sich nicht auf die unmittelbare Einwirkung auf die Gefängnisbehörden erstrecken darf, so ist doch nicht minder gewiß, daß sie, wenn auch einzeln, immer viel Treffliches leisten und daher ihre auf Förderung des Menschenwohles gerichteten Bestrebungen alle Beachtung, besonders seitens der Aufsichtsbehörden verdienen. Schon die Existenz solcher Vereine spornt die Lokalverwaltungen und die sonst für die Anstalten verantwortlichen Organe an und auch die entfernter stehenden Aufsichtsbehörden können aus ihren wohlgemeinten Bemühungen und Vorschlägen recht viel Nutzen ziehen, ohne die praktische Tendenz solcher Anstalten und das, was sie nach ihrer Bestimmung nur sein können und wollen, aus dem Auge zu verlieren. Den Bemühungen der Vereine ist demnach, so weit es mit den Zwecken der Anstalten vereinbar ist, zulässiger Vorschub zu leisten."

---

[70]) 15. November 1836, v. Kamptz (Annalen S. 995).

[71]) 4. März 1837, v. Kamptz (Annalen S. 204).

[72]) v. Kamptz, Annalen S. 752. Allg. Preuß. Staatszeitung 1838 S. 431.

Die Erlasse des Ministers des Innern vom 31. Oktober 1840[73]), des Kultusministers vom 29. Juni 1840[74]), der Oberpräsidenten von Westfalen[75]) und Sachsen[76]), der Regierungen zu Gumbinnen, Düsseldorf, Koblenz [77]) u. a. m. sind auf diese Kabinetsordre zurückzuführen.

Doch nicht nur die rein praktische Unterstützung Strafentlassener, wie sie den durch die genannten Erlasse und die Kabinetsordre vom 13. November 1843[78]) ins Leben zu rufenden Vereinen zur Aufgabe gestellt wird, sollten diese Fürsorgevereine lösen, ihre Mitarbeit wurde auch in mehr theoretischer Hinsicht in Anspruch genommen, so durch die folgende Bekanntmachung des Minister des Innern vom 10. Juli 1848[79]):

„Eine Umgestaltung und Verbesserung des Gefängniswesens gehört zu den unabweisbaren Bedürfnissen der Zeit und bildet einen wichtigen Teil der jetzt obschwebenden sozialen Fragen. Da eine richtige Lösung dieser Frage nur von der allseitigsten Beleuchtung derselben zu erwarten ist, so ersuche ich alle Diejenigen, welche dazu beitragen zu können glauben, ihre auf eine Verbesserung des Gefängniswesens hinzielenden Vorschläge an das Ministerium des Innern einreichen zu wollen. Zur Förderung der Sache würde es wesentlich beitragen, wenn die Vorschläge vorzugsweise auf die Fragen gerichtet wären: 1. . . 2. . . 3. . . Wie die Übelstände zu beseitigen sind, welche sich den aus den Strafanstalten entlassenen Gefangenen bei der Wahl eines bürgerlichen Berufes entgegen stellen? Die Bildung von Vereinen zur Lösung dieser Fragen erscheint ein um so empfehlenswerteres Mittel, als dadurch gleichzeitig auch denjenigen Personen ihre Ansichten und Erfahrungen hierüber auszusprechen Gelegenheit gegeben würde, deren Verhältnisse eine umfassende Beschäftigung mit diesem Gegenstande nicht gestatten."

---

[73]) Minist.-Blatt S. 460.

[74]) Minist.-Blatt S. 228.

[75]) v. Kamptz, Annalen S. 415.

[76]) vom 23. Januar 1842 (Min.-Bl. S. 74).

[77]) vom 14. Mai 1842, 8. Juni 1844, 17. Oktober 1846 (Min.-Bl. 1842 S. 310, 1844 S. 206, 1846 S. 201).

[78]) Min.-Bl. 1844 S. 144.

[79]) Min.-Bl. S. 200.

Die beiden zuletzt ergangenen Verordnungen, welche unmittelbar die Bildung von Vereinen anregen, sind vom 1. September 1879 und vom 15. November 1900.

Ersterer[80]) ist vom Minister des Innern erlassen. Er bedauert, daß die Fürsorgevereine noch nicht überall die wünschenswerte Verbreitung gefunden haben, regt die Gründung solcher Vereine an, erklärt, daß vornehmlich die Strafanstaltsdirektoren und die Strafanstaltsgeistlichen, sowie die mit den Strafanstaltsangelegenheiten befaßten Mitglieder der Königlichen Regierungen durch ihre amtliche Stellung zu anregender Tätigkeit auf dem Gebiete der Vereinsbildung berufen sind und erwartet, daß dieselben sich dieser Aufgabe mit warmem Interesse hingeben werden. Gleichzeitig wird genehmigt, daß die Königlichen Regierungen in geeigneten Fällen aus den Arbeitsprämien-Zinsenfonds der Strafanstalten, mäßige Beihilfen an Gefängnisvereine gewähren.

Der Erlaß des Justizministers[80a]) ersucht die Vorstände der preußischen Oberlandesgerichte, den Gefängnisvorstehern (Amtsrichtern, Ersten Staatsanwälten) ihres Bezirks nahe zu legen, die Gründung von Fürsorgevereinen für entlassene Gefangene in die Hand zu nehmen. Unmittelbar auf diesen Erlaß ist es zurückzuführen, daß die Zahl der Vereine, welche in Preußen im Jahre 1900 noch 230 betrug, im Jahre 1902 sich bereits auf 406 belaufen hat.

Nachdem nunmehr und sicherlich nicht zum geringsten Teil infolge der staatlicherseits gegebenen Anregung, ein mehr oder weniger dichtes Netz von Fürsorgevereinen über ganz Preußen gebreitet war, konnte die Staatsregierung ihren Blick weiter lenken und auf eine organisierte Zusammenfassung der Vereine bedacht sein.

Daß ein damit ermöglichtes gemeinsames Bearbeiten gemeinsamer Fragen für die Gefangenenfürsorge von eminenter Bedeutung ist, liegt klar zu Tage und lange vorher, bereits im Jahre 1827, hatten die Statuten des noch heute blühenden Vereins zur Besserung der Strafgefangenen in Berlin eine allgemeine Organisation der preußischen Gefängnisvereine mit dem Berliner Generaldirektorium des Vereins an der Spitze vorgesehen.

Das Unternehmen scheiterte aber — und der Regierung ist es vorbehalten gewesen, das zu erreichen, was den Organen der freiwilligen Liebesarbeit zu schaffen nicht möglich war.

---

[80]) Min.-Bl. 1879 S. 274.

[80a]) Müller: Die Preuß. Justizverwaltung 5. Aufl. Berlin 1901 S. 2003.

Die Minister des Innern, der Justiz und des Kultus erließen am 19. Juni 1895[81]) den folgenden gemeinsamen Erlaß:

„Es wird sich empfehlen, für jede Provinz oder für mehrere benachbarte Provinzen eine Centralstelle für das Fürsorgewesen zu schaffen, die zwar eine vom Staate unabhängige freie Vereinigung ist, deren Bestrebungen aber von den Staats-, Kirchen- und Provinzialbehörden möglichst gefördert werden. Aufgaben der Centralstellen würden sein:

1. Das Fürsorgewesen in ihrem Bezirke zu fördern;
2. Auf das Zusammenwirken zwischen kirchlichen Fürsorgeorganen und Fürsorgevereinen hinzuwirken;
3. Zur Gründung von Fürsorgevereinen und Arbeits-Nachweisestellen anzuregen.

Eine derartige Zusammenfassung des Fürsorgewesens in einem größeren Bezirke ist mit gutem Erfolge im Großherzogtum Baden versucht worden. Je ein Exemplar des Statuts der Centralleitung des Landesverbandes der badischen Schutzvereine für entlassene Gefangene und der Statuten der badischen Schutzvereine für entlassene Gefangene ist zur gefälligen Kenntnisnahme beigefügt.

Um eine Zersplitterung der auf die Fürsorgebestrebungen verwandten Kräfte und Geldmittel zu vermeiden, wird darauf Bedacht zu nehmen sein, daß die Fürsorgeorgane sich auch der Familien der in Haft befindlichen Gefangenen im Bedarfsfalle annehmen und daß sie ihre Schutztätigkeit auch den aus der Zwangserziehung entlassenen oder in Familienpflege untergebrachten jugendlichen Personen zuwenden.

Ferner stellen wir Ew. Exzellenz ergebenst anheim, dahin zu wirken, daß die Provinzialbehörden die anliegenden Bestimmungen, soweit tunlich, auch für die zur Entlassung kommenden Korrigenden zur Anwendung bringen. Ich der mitunterzeichnete Minister der geistlichen Angelegenheiten werde die obersten Kirchenbehörden, ich der mitunterzeichnete Justizminister werde die Oberlandesgerichts-Präsidenten und Oberstaatsanwälte ersuchen, daß sie Ew. Exzellenz in diesen Bestrebungen unterstützen.

---

[81]) Anlage A zur Statistik der Strafanstalten des Ministeriums der Innern für 1901 S. 214.

Zur Deckung der Geschäftsunkosten der Centralstelle, sofern dazu die Beiträge der Kirchen- und Provinzialbehörden, der Vereine und Privatpersonen nicht ausreichen, bin ich der mitunterzeichnete Minister des Innern bereit, einen Beitrag aus dem Zinsenfonds der Strafanstalten und Gefängnisse meines Geschäftsbereichs zu bewilligen, der nach dem Geschäftsumfange und der Zahl der in Fürsorge genommenen Personen zu bemessen sein wird.*)

Nachdem der Zinsenfonds d. h. die Gesamtheit der, aus den in den Strafanstalten verzinslich angelegten Guttaten der Gefangenen fließenden Zinsen, infolge des Staatshaushaltsgesetzes vom 11. Mai 1898, welcher bestimmt, daß alle Einnahmen und Ausgaben in der Rechnung desjenigen Etatsjahres anzuweisen sind, in welchem sie fällig geworden, aufgehoben worden war, wurde ein neuer Titel 12 beim Kapitel 96 des Ministeriums des Innern in den Staatsetat eingesetzt und zwar mit 24000 Mark.[82])

Diese zur Förderung der Fürsorge für die aus der Strafhaft und der Fürsorge-Erziehung Entlassenen dienenden zur Zeit 24000 Mark werden gemeinsam von den Ministern des Innern und der Justiz unter die bestehenden Centralstellen verteilt, wobei nicht ausgeschlossen ist, daß auch einzelnen Vereinen ein außerordentlicher Beitrag unmittelbar gewährt wird.

Eine Erhöhung der heutigen Summe von nur 24000 Mark (in Frankreich werden jährlich 136000 Francs für diese Zwecke ausgeworfen) steht in Aussicht.

Neben diesen durch das Staatshaushaltgesetz gewährten Geldern hält der Minister des Innern noch andere Fonds zur Unterstützung Strafentlassener zur Verfügung: Einmal kann den zur Entlassung Kommenden gemäß § 190 zu 6 der Dienstordnung

---

*) Auf Grund dieses Erlasses haben sich die Vereine in sämtlichen Provinzen Preußens mit Ausnahme von der Rheinprovinz und Westfalen zu Centralstellen vereinigt. Diejenigen von Brandenburg, Ostpreußen, Westpreußen, Hannover, Schleswig-Holstein, Sachsen und Posen veröffentlichen regelmäßig ihre Berichte.

[82]) s. die Verhandlungen des Abgeordnetenhauses vom 16. Februar 1900, 16. Januar 1901, 26. März 1901 (der Budgetkommission vom 1. Mai 1901), 4. März 1902, 11. Februar 1903 und 15. März 1904, abgedruckt in den Jahresberichten der Centralstelle f. d. Gefangenenfürsorgewesen der Provinz Brandenburg für 1900 ff.

für die Anstalten des Ministers des Innern vom 14. November 1902 aus dem Fonds Kap. 96 Tit. 10 Nr. 1 eine Unterstützung in der Höhe gewährt werden, daß sie mit der Arbeitsbelohnung zusammen den Betrag von regelmäßig 15 Mk., in besonderen Fällen von 25 Mk. nicht übersteigt.

Ferner können die aus milden Gaben (z. B. aus den in manchen Anstalten befindlichen Sammelbüchsen) herrührenden Beträge, welche in der Anstalt von einem von der Regierung bestimmten Beamten verwaltet werden, auf Beschluß der Beamtenkonferenz zu Unterstützungen an Gefangene und deren Familien verwendet werden[83]).

Aus Anstaltsfonds ferner wird dem Gefangenen außer den genannten Beträgen, welche ausschließlich zu dem Zweck gegeben werden, den Entlassenen vor augenblicklicher Not, die ihn ins Verderben zurückzubringen droht, zu schützen, ein Reise- und Zehrgeld gewährt. In älterer Zeit, als Eisenbahn und Dampfschiff noch nicht oder nicht allgemein Einführung gefunden hatten, gab es kein Zehrgeld im eigentlichen Sinne, das Reisegeld umfaßte auch die neben des Leibes Notdurft zur Zurücklegung des Weges nach dem neuen Wohnorte erforderlichen andern Ausgaben. Bereits die Fürsorgeinstruktion von 1797 bestimmt in § 21, daß dem Entlassenen der erforderliche, nach der Weite des Weges zu bestimmende Zehrpfennig zugestellt werde[84]).

Während hier die Höhe des Reisegeldes dem Ermessen der Behörde anheimgestellt wurde, ward sie durch den Erlaß vom 2. September 1823[85]) für die Rheinprovinz auf 2 Silbergroschen, durch das Spandauer Reglement von 1824 auf 1 Sgr. 3 Pf. und durch Erlaß vom 8. März 1834[86]), der durch § 135a des Rawitscher Reglements von 1835 bestätigt wurde, auf 1 Sgr. 6 Pf. pro Meile festgesetzt.

---

[83]) Erlaß vom 4. März 1902 (Verordnungsblatt f. d. Strafanstaltsverwaltung, S. 55). Die Höhe dieser Beträge ist allerdings außerordentlich gering und bietet auch unter Berücksichtigung der aus Kap. 96 Tit. 10 Nr. 1 gewährten Gelder (s. hier oben), **keinerlei Ersatz** für die früher aus dem Zinsenfonds bewilligten Unterstützungen an Gefangene, deren Höhe im Jahre 1900 15 023 Mk. betrug.

[84]) Bis 1797 gab es keinen Fonds zur Unterstützung zur Entlassung Kommender; s. Klein, Annalen 1793 Bd. XI S. 135.

[85]) v. Kamptz, Annalen S. 666.

[86]) Annalen S. 193.

Diese Summe wird durch das Reskript vom 12. November 1836[87]) auf 1 Sgr., nur „im Notfalle" auf 1 Sgr. 6 Pf., ermäßigt und der letztere Begriff durch Verordnung vom 27. April 1838[88]) dahin präzisiert, daß, wenn die Heimat in einem Tage erreicht werden könne, nie mehr als 1 Sgr. pro Meile gewährt werden dürfe[89]).

Eigentliches Zehrgeld gibt es erst, seitdem den zur Entlassung kommenden Gefangenen eine Eisenbahn- oder Dampfschiff-Fahrkarte, und zwar regelmäßig in Gestalt eines Gutscheins[90]) eingehändigt und ihnen daneben für des Leibes Notdurft, und zwar außer der Arbeitsbelohnung, wenn diese 15 Mk. oder weniger beträgt, ein besonderes Zehrgeld (welches heute 75 Pfennig, im Notfalle 1 Mark für die Anstalten des Ministeriums des Innern, 1 Mark für die der Justiz beträgt), gewährt werden kann[91]).

Entlassenenfürsorge treibt der Staat ferner dadurch, daß er die Gefangenen nicht in so zerrissenen Kleidern entläßt, daß ihnen ein ehrliches Fortkommen, selbst bei dem festen Willen hierzu, unmöglich gemacht wird. Schon die Fürsorgeinstruktion von 1797 hatte im § 1 angeordnet, daß ausländische (und erst recht inländische) Leute bei ihrer Entlassung mit der nötigen Bekleidung zu versehen seien, eine Bestimmung, die durch § 134 des Rawitscher Reglements von 1835 wiederholt wurde[92]). Während heute[92a])

---

[87]) Annalen S. 994, 995.

[88]) Annalen S. 409.

[89]) Über die Frage, wer die Reisekosten zu tragen habe, s. Erlasse vom 8. Juni 1833 (Annalen S. 521), 27. Juni 1833 (Annalen S. 756), 8. März 1834 (Annalen 1834 S. 193), 28. Februar 1838 (Annalen S. 184), 18. Januar 1868 (Min.-Bl. S. 66), Dienstordnung von 1902 § 190. Für die Anstalten der Justiz: V. v. 13. März 1893 (Dalcke, Gef.-Ordng. 1899 S. 55, Anm. III), früher s. Dalcke u. Genzmer, Handbuch der Strafvollstreckung 1889 S. 146, Anm. 45.

[90]) Dies ist erst eingeführt worden für die Anstalten des Innern durch V. v. 9. 12. 1873 (Min.-Bl. 1874 S. 22), die der Justiz: V. v. 28. Mai 1888 (J.M.Bl. S. 138), Gutscheine gibt es seit der V. d. M. d. J. v. 12. Juli 1902 (Verordnungsblatt S. 119).

[91]) § 190 der Dienstordnung vom 14. XI. 1902, V. v. 13. März 1893 zu III (Dalcke, Anm. S. 55).

[92]) Siehe auch Kammergerichts-Reskript vom 1. III. 1804 (Bibliothek des Verfassers).

[92a]) In allerneuester Zeit ist der Begriff der notwendigen Kleidung erheblich ausgedehnt worden (Erl. d. Justizmin. v. 22. Sept. 1904. — I. 5815).

(nach Einziehung des Zinsenfonds) die Justizverwaltung ihren Entlassenen nie mehr gewährt, als die **notdürftig** ausreichende Kleidung (Reskript vom 10. Juli 1885 zu § 85 (am Ende) des Gefängnisreglements von 1881 und § 87 (am Ende) der Gefängnisordnung von 1898[93]) geht die Dienstordnung des Ministeriums des Innern vom 14. November 1902 durch die Fassung des § 188 in Verbindung mit der Anmerkung zu § 96 in dem Begriffe der erforderlichen Kleidung, und damit in der Entlassenenfürsorge weiter; sie gestattet auch, daß dem zur Entlassung kommenden Gefangenen, durch Inanspruchnahme der, wie bereits erwähnt, aus § 190 Ziff. 6 gewährbaren Unterstützung, mehr als die absolut notwendige Kleidung aus Staatsmitteln, und zwar dann verabreicht werde, wenn die besondere Kleidung im Interesse des Fortkommens des Entlassenen in einem bestimmten Berufe erforderlich erscheint.

Am deutlichsten aber zeigt sich das tätige Interesse des Staates an dem ehrlichen Fortkommen der entlassenen Gefangenen in den Bestimmungen über die **Verwaltung und Verwendung der Arbeitsbelohnung**. (Arbeitsverdienstanteil oder Prämie.)

Der Arbeitsbetrieb in den Gefangenenanstalten wurde, ehe der Staat ihn selbst in die Hand nahm, von der Gerichtsobrigkeit, welche gleichzeitig für die in ihrem Jurisdiktionsbezirke erforderlichen Gewahrsame zu sorgen hatte, einem Gesamtunternehmer übertragen. Dieser nützte nun, um den der Obrigkeit für die Überfassung der Gefangenenkräfte zu zahlenden Pachtschilling begleichen, ja möglichst viel bei diesem Geschäfte verdienen zu können, die Gefangenen weidlich aus. Er setzte ihnen ein schwer zu schaffendes tägliches Arbeitsmaß, das sie bei Strafe erfüllen mußten und für die sie eine Vergütung nicht erhielten. Für das Überpensum, damals Übergespinnst genannt, gab es allerdings eine Vergütung; dieselbe war jedoch so gering bemessen, daß der Gefangene, welcher von dem Überverdienst alles was nur irgend, außer dem notdürftigsten Unterhalt, zur menschlichen Notdurft gehörte, bestreiten mußte[94]), regelmäßig bei der Entlassung völlig mittellos dastand.

Interessant ist die Tatsache, daß der Arbeitsverdienstanteil nicht nur im 18. Jahrhundert, sondern noch jahrzehntelang später

[93]) Dalcke, S. 145 Anm. 43 und S. 53 Anm. 2.

[94]) Annalen der Gesetzgebung, herausg. v. Klein, Bd. XI (1793) S. 128, 134, 135.

den Gefangenen, und zwar meistens wöchentlich, in bar oder in Geldmarken ausgezahlt wurde[95]).

Noch das Rawitscher Reglement von 1835 gestattete[96]), daß dem Sträfling während der Haft von dem ihm zur Anschaffung von Zukost gestatteten Teile der Arbeitsprämie bis zu 10 Silbergroschen in bar gegeben werde. Nachdem diese Barzahlung bereits durch die beiden Visitationsprotokolle der Anstalten zu Groß-Salze und Lichtenburg vom 30. und 25. Mai 1837 gerügt und hier aufgehoben worden war, erfolgte ihr Verbot durch den Erlaß vom 5. November 1836[97]) und dann allgemein durch das Ministerialreskript vom 13. März 1839[98]).

Der Teil der Arbeitsbelohnung, der nicht zur Anschaffung von Zusatznahrungsmitteln verwendet worden war, wurde dem Gefangenen früher als sein wohlverdientes Eigentum bei der Entlassung voll ausbezahlt. Die unvermeidliche Folge war, daß dieses Geld regelmäßig dazu dienen mußte, den Entlassenen für die Entbehrungen der Haft zu entschädigen, daß es in der sinnlosesten Weise in allerkürzester Zeit verpraßt wurde.

Die Frage einer geeigneten Verwendung der Arbeitsprämie, der Wunsch, sie so zu verwalten, daß sie nicht wie bis dahin zum Übel, sondern möglichst zum Guten diene, hatte den Staat auch schon lange beschäftigt[99]), ohne daß sich die diesbezüglichen Beratungen jedoch zu bestimmten Vorschriften verdichtet hätten.

Immerhin ist es auf diese Anregungen, verbunden mit dem offenbaren Bedürfnis, dem schreienden Notstande abzuhelfen, zurückzuführen, daß mehrere Anstalten die Übung einführten, den Entlassenen den Überverdienst nicht einzuhändigen, sondern ihn, nach Abzug des Reisegeldes, der Obrigkeit des künftigen Aufenthaltsorts zu übersenden.

Nachdem dieses Verfahren durch den Ministerial-Erlaß vom

---

[95]) Landarmen-Reglement f. d. Uckermark v. 19. Dez. 1803 (Rabe, Sammlg. Bd. VII S. 543), (Krohne, Lehrbuch der Gefängniskunde, Stuttgart 1889, S. 419, 420).

[96]) Ex §§ 53, 54.

[97]) v. Kamptz, Annalen S. 992.

[98]) v. Kamptz, Annalen S. 207, 208.

[99]) Grundsätze, betr. Einrichtung d. Besserungsanstalten vom 5. April 1804, Amelangs, Neues Archiv der Preußischen Gesetzgebung, Bd. II S. 104, ferner v. Arnim, Bruchstücke über Verbrechen Teil II, Abschn. 4, Kapitel XX ff.

12. Februar 1833[100]) ausdrücklich gebilligt, erfolgte seine allgemeine Einführung durch § 135b des Rawitscher Reglements von 1835 für die Anstalten des Ministeriums des Innern, für die der Justiz durch Erlaß vom 8. Juni 1846[101]). Damit nun den Gefangenen nicht durch die notwendige Auslage für Postporto ein unbilliger Abzug am erarbeiteten Gelde entstehe, wurde die Portofreiheit für die Übersendung von Arbeitsprämien durch den preußischen General-Postmeister bewilligt[102]), eine Vergünstigung, die den Entlassenen heute leider nicht mehr zuteil wird[103]).

Portofrei dagegen sind heute wie damals die Schreiben der Anstaltsgeistlichen in Fürsorgesachen[104]).

Der Gedanke, daß der Teil der Prämie, welchen der Gefangene bei der Entlassung auf die erwähnte Weise erhält, ihm vom Staate[105]) zum Zwecke des besseren Fortkommens nach der Entlassung gewährt wird, findet sich zuerst in den Bestimmungen des Ministers des Innern vom 31. Januar 1834 und erscheint dann regelmäßig in den die Verwaltung und Verwendung der Arbeitsbelohnung regelnden Erlassen[106]).

Sollte aber die Arbeitsprämie nicht nur auf dem Papiere, sondern in Wirklichkeit dazu dienen, dem Entlassenen das ehrliche Fortkommen zu erleichtern, so mußte der Staat dafür sorgen, daß sie ihm bis zum Tage der Entlassung erhalten blieb und nicht,

---

[100]) v. Kamptz, Annalen S. 754.

[101]) J.M.Bl. S. 116.

[102]) Reskript v. 9. Sept. 1833 v. Kamptz, Annalen S. 753; § 135b des Rawitscher Reglements; Regulativ v. 3. Febr. 1862 (Min.-Bl. S. 72).

[103]) Verordnungsblatt f. d. Strafanstaltsverwaltung 1903 Nr. 2.

[104]) Zirkularverfügung v. 9. Aug. 1842 (Min.-Bl. S. 316), Regulativ vom 3. Febr. 1862 (Min.-Bl. S. 72), Heute: Verordnungsblatt f. d. Strafanstaltsverwaltung 1903 Nr. 2.

[105]) Daß der Staat allein Arbeitsprämie gewährt, ist in Preußen erst seit dem Erlaß vom 10. Dezember 1872 (Statistik der Strafanstalten 1872/1874 S. 485) der Fall (Braune, Ztschr. f. d. ges. Strafrechtswissensch., Bd. 15 S. 598), bis dahin gewährte sie auch der Unternehmer. Ein Überbleibsel findet sich heute noch in den Extraprämien bei Außenarbeiten: Verordnungsblatt 1899 S. 105, 1902 S. 147, 1903 S. 20, 21.

[106]) § 49 Ziff. b des Rawitscher Reglements von 1835, Verordnung vom 17. Oktober 1846, 29. Sept. 1859, 25. Juli 1862, 29. Okt. 1871, 6. Juli 1885, und § 147 Ziff. 3 der Dienstordg. v. 1902 (Min.-Bl. f. d. i. Verwaltg. S. 201, 202, bezw. 253, bezw. 266, bezw. 311, bezw. 209, Erlasse des Justizministers vom 9. Okt. 1860, 11. Januar 1870 (J.M.Bl. S. 388, bezw. S. 8, 9).

kaum erarbeitet, alsbald von den Gläubigern des Gefangenen mit Beschlag belegt würde. Das Staatsministerium beantragte deshalb bei dem König den Erlaß einer Kabinets-Ordre, inhaltlich welcher die Arbeitsprämie während der Haftdauer niemals für die Gläubiger — seien es Privatgläubiger, Gemeinden oder der Staat — Gegenstand des Arrestschlages oder der Beschlagnahme im Wege der Exekution sein sollte. Diese Kabinets-Ordre ist alsdann am 28. Dezember 1840[107]) ergangen. Ihr Inhalt ist heute bestätigt durch § 100 Absatz 2 der Dienstordnung vom 14. November 1902 (für die Anstalten der Justizverwaltung s. Dalcke, Gef.-Ordng. 1899 S. 39, Anmerkung B zu 6). Um nun diese Sonderstellung der Arbeitsprämie außer jeden Zweifel zu setzen, wurde nach Vorgang des Erlasses vom 15. Juni 1858[108]) durch den Erlaß des Justizministers vom 11. Januar 1870[109]) und den des Ministers des Innern vom 6. Juli 1885[110]) festgesetzt, daß den Gefangenen ein rechtlicher Anspruch am Arbeitsverdienstanteil nicht zustehe, sondern daß es ein Geschenk des Staates sei, an welchem sie das Eigentum erst dann erwerben, wenn er ihnen von zuständiger Stelle ausbezahlt werde, ein Grundsatz, der von beiden Ministern in der Fürsorgeinstruktion vom 13. Juli 1895 § 7[111]) erneut festgelegt worden ist[112]).

Diese Deklarierung der rechtlichen Natur des Arbeitsverdienstanteils als eines Geschenkes, dessen Gewährung in das Ermessen der Anstalt oder der Fürsorgeorgane (Polizei, Geistlichkeit, Verein) gestellt wird, hatte auch den eminent praktischen Wert, daß zumal den Letzteren auf diese Weise eine Handhabe gegeben werde, um die Prämie nach eigenem Gutdünken im Interesse des Entlassenen zu verwenden, ja sie bei Unbotmäßigkeit oder offenbarer Unwürdigkeit desselben an die Anstalt zurückzusenden. Auf diese Weise erst wurde es den Behörden und Vereinen möglich, der ihnen in dem Ministerialreskript vom 29. September 1859[113]) gestellten

---

[107]) Min.-Bl. 1841 S. 69, 1882 S. 17, 1885 S. 209.

[108]) Min.-Bl. S. 137.

[109]) J.-M.-Bl. S. 8.

[110]) Min.-Bl. S. 209.

[111]) Verordngs.-Blatt f. d. Strafanstaltsverwaltg. S. 38.

[112]) S. auch § 147 der Dienstordnung vom 14. XI. 1902; § 96 Abs. 7 der Gef.-Ordng. f. d. Justizverwaltung v. 21. XII. 1898.

[113]) Min.-Bl. S. 253.

hohen Aufgabe gerecht zu werden, in jenem Erlasse, der den Geist der Barmherzigkeit wie keiner je vor noch nach ihm atmet und der deshalb hier im Wortlaut folgen möge:

„Die Erfahrung ergibt, daß der entlassene Sträfling auch bei ernstlichem Bemühen in der ersten Zeit nach seiner Entlassung meist nur schwer Arbeit und Unterkommen findet und daß die hieraus erwachsenden sittlichen Gefahren in dem Maße vermehrt werden, als der ehemalige Sträfling nicht die nötigen Mittel besitzt, um sich, so lange bis es ihm gelingt, einen ehrlichen Broterwerb zu erlangen, vor leiblicher Not zu schützen Es ist daher ein Hauptzweck, welcher der Überverdienstgelder-Einrichtung in den Strafanstalten zum Grunde liegt, daß den Gefangenen dadurch die Schwierigkeiten, mit denen sie bei ihrem Wiedereintritt in die bürgerliche Gesellschaft, um sich vor Rückfälligkeit zu bewahren, in den meisten Fällen zu kämpfen haben, erleichtert werden sollen. Zur besseren Erreichung dieses Zweckes ist es von Wichtigkeit, daß den Züchtlingen von dem während ihrer Haft für sie angesammelten Überverdienst nur so viel, als sie zur Bestreitung der notwendigsten Reisekosten bedürfen, ausgehändigt werden soll, anderseits aber die Maßregeln wegen anderweiter Überweisung des nach Abzug des Reisegeldes verbleibenden Überrestes jenes Überverdienstes so zu treffen, daß der entlassene Gefangene alsbald nach dem Eintreffen, in seinem künftigen Wohnort und ohne von dort aus von neuem sich nach auswärtigen Orten begeben zu müssen, daraus, soweit erforderlich, die Kosten seines demnächstigen Unterhalts oder sonstige Ausgaben im Interesse seines künftigen Fortkommens bestreiten kann. In beiden Beziehungen empfiehlt sich am meisten, daß die Überverdienstgelder, soweit sie dem zu Entlassenden nicht auf die Reise mitzugeben sind, im Einklange mit der ursprünglichen Bestimmung des Strafanstalts-Reglements sogleich unmittelbar an die Behörde des künftigen Wohnortes des Sträflings gesendet werden. Überdies hat auch gerade diese Behörde ein vorzugsweises Interesse, daß es dem Entlassenen gelingt, sich ein ehrliches Fortkommen zu sichern, und es darf deshalb erwartet werden, daß, wenn die Übersendung der Überverdienstgelder an die Ortsbehörden erfolgt, dieselben sich dann umsomehr veranlaßt finden werden, nicht bloß im allgemeinen der demnächstigen Verwendung dieser Gelder ihre Aufmerksamkeit zuzuwenden, sondern auch dem Entlassenen zur Erlangung eines ehrlichen Broterwerbes mit Hilfe derselben nach Kräften förderlich zu sein und ihn im Streben zum Guten zu unterstützen und zu ermuntern.

Ich veranlasse deshalb die Königliche Regierung, Anordnung zu treffen, daß die Überverdienstgelder der zur Entlassung kommenden Zuchthaussträflinge nach Abzug des ihnen bei ihrer Entlassung zu gewährenden Reisegeldes von den Strafanstaltsdirektionen künftig unmittelbar an die Ortsbehörden zur Aushändigung an den Entlassenen gesendet werden, gleichzeitig aber die Ortsbehörden mit Anweisung versehen zu lassen, in Fällen, wo ihnen dergleichen Überverdienstgelder zugesendet werden, soweit als möglich auf eine zweckmäßige Verwendung derselben ihr Augenmerk zu richten und die Auszahlung der Überverdienstgelder an den entlassenen Sträfling so erfolgen zu lassen, wie es im Interesse des künftigen ehrlichen Fortkommens des aus der Haft Entlassenen am dienlichsten erscheint. Dabei wird es angemessen sein, die Ortsbehörden zugleich noch besonders darauf hinzuweisen, daß nach der Allerhöchsten Ordre vom 28. Dezember 1840 die den Sträflingen zugebilligten Überverdienstgelder niemals für deren Gläubiger ein Gegenstand der Beschlagnahme im Wege der Exekution sein sollen, auch dieselben in geeigneter Weise noch besonders darauf aufmerksam zu machen, daß sich aus der ihnen künftig zufallenden Mitwirkung bei Auszahlung der Überverdienstgelder in den meisten Fällen für sie eine günstige Gelegenheit ergeben werde, auf das weitere Leben und Verhalten des ehemaligen Sträflings wohltätig einzuwirken und daß jede Benutzung dieser Gelegenheit um so sicherer auf erfreuliche Erfolge zu rechnen haben werde, je mehr es sich die einzelne Behörde angelegen sein lassen werde, dem ehemaligen Sträfling nach seiner Entlassung nicht mit Härte und Lieblosigkeit entgegenzutreten, sondern ihm Vertrauen zu zeigen und ihm, eventuell unter Zuziehung des Ortsgeistlichen, durch Rat, Aufmunterung und Fürsprache bei anderen wohlgesinnten Eingesessenen den Rücktritt in die bürgerliche Gesellschaft nach Kräften zu erleichtern.

Durch das Vorstehende soll jedoch nicht ausgeschlossen sein, daß an Orten, wo zur Fürsorge für entlassene Strafgefangene besondere Vereine bestehen, die Überverdienstgelder der zur Entlassung kommenden Sträflinge an diese übersendet werden, und nicht minder soll auf dem Lande den landrätlichen Behörden unbenommen sein, in einzelnen Fällen, wo es ihnen aus besonderen Gründen wünschenswert erscheint, die Aushändigung der Überverdienstgelder selbst zu übernehmen, die Strafanstaltsdirektionen hiervon in Kenntnis zu setzen, worauf dann von den Letztern die Absendung der Überverdienstgelder im Sinne der diesfälligen Anträge zu erfolgen hat."

Während hier den Polizeibehörden und Fürsorgeorganen die Sorge für die Entlassenen nur allgemein ans Herz gelegt und die Art des Vorgehens, insbesondere die Weise, in welcher das Arbeitsgeschenk im einzelnen zu verwenden, nicht angegeben wird, bestimmt die (in der Anlage I abgedruckte) Fürsorgeinstruktion vom 13. Juni 1895[114]), daß das Geschenk vorzugsweise zur Bezahlung der Reisekosten des Entlassenen nach seinem demnächstigen Aufenthaltsorte, zur Beschaffung von Kleidern, Wohnung, Unterhalt, Arbeitsgerät usw., sowie in geeigneten Fällen zur Unterstützung der Familie zu verwenden sei, daß es sich nicht empfehle, das Geschenk auf einmal auszuzahlen[115]) und größere Barbeträge nur dann auszuhändigen seien, wenn ihre zweckmäßige Verwendung gesichert sei.

Demgemäß wird die Arbeitsbelohnung heute von vielen Vereinen — leider nicht von allen — im Interesse des Entlassenen verwendet, und zwar regelmäßig des Entlassenen selbst, selten wohl zur Unterstützung seiner Familie. Die Frage der Unterstützung der Familie ist auch häufig durch die Heimkehr des Bestraften weniger brennend geworden, als sie es während der Haft das Familienvaters war.

Das ist ja eine der tief beklagenswerten Folgen der Freiheitsstrafen, daß sie die unschuldige Familie häufig weit härter treffen, als den allein Schuldigen. Während dieser in warmem Raume sitzt, wächst die Not der des Ernährers beraubten Frau und Kinder aufs Höchste.

Heute stehen die Armenbehörden durchweg auf dem Standpunkt, daß eine Familie, deren Ernährer sich im Strafhause befindet, während der Haft einer solchen gleich zu achten ist, die des

---

[114]) Verordnungsblatt f. d. Strafanstaltsverwaltung S. 38.

[115]) Ähnlich schon die Verfg. d. Reg. zu Coblenz vom 17. Oktober 1846 (Min.-Bl. S. 201, 202).

Vaters endgültig beraubt ist; es hat aber eine Zeit gegeben, wo man den mittellosen Gefangenen auch während der Haft für verpflichtet hielt, für die Seinen zu sorgen. Es bedurfte daher des Reskripts vom 15. Juni 1858[116]), das deklarierte, eine in Haft befindliche Person sei zur Erfüllung ihrer Alimentationspflicht außerstande, da der Ertrag ihrer Arbeit im Gefängnisse der detinierenden Behörde gehöre; die Verwendung des Überverdienstes zu gunsten der Familie dürfe daher nicht angeordnet werden.

Keineswegs im Widerspruch hiermit steht die Befugnis der Gefangenen, aus freien Stücken den darbenden Seinen einen Teil seines Arbeitsverdienstanteils zuzuwenden. Daß der Gefangene zu gunsten der Seinen auf die Verwendung des ihm zur Anschaffung von Zusatznahrungsmitteln freistehenden Teiles der Arbeitsbelohnung verzichten dürfte, versteht sich fast von selbst[117]); es wurde ihm dies aber auch, und zwar erstmalig für lebenslängliche Gefangene durch die Verordnung vom 24. September 1834[118]), dann allgemein durch die Erlasse des Ministers des Innern vom 11. März 1875[119]) und 14. April 1888[120]), aus der Hälfte, welche gemäß § 49 des Rawitscher Reglements von 1835 zum besseren Fortkommen nach der Entlassung bestimmt war, gestattet; gleichzeitig wurde aber immer besonders betont, daß die Unterstützungen aus dieser Summe nicht solchen Umfang annehmen dürften, daß der eigentliche Zweck dieses Teils der Prämie, nämlich die Fürsorge für den Entlassenen, vereitelt würde[121]).

Heute liegt die Sache folgendermaßen: Die Gefangenen der Justizverwaltung dürfen gemäß § 97 Absatz 8 der Gefängnisordnung während der Strafverbüßung über die Hälfte ihres Guthabens vom Arbeitsverdienste mit Bewilligung des Gefängnisvorstehers verfügen, also aus diesem Teile auch ihre Familie unter-

---

[116]) Min.-Bl. S. 137.

[117]) S. z. B. Verordng. v. 29. Okt. 1871 (Min.-Bl. S. 311).

[118]) v. Kamptz, Annalen S. 800, 801.

[119]) Min.-Bl. S. 81.

[120]) Statistik der Strafanstalten 1887/88 S. 230.

[121]) Um 1860 begegnet man wiederholt der Ansicht, die Unterstützung der Familien durch die Gefangenen sei nicht empfehlenswert, vorzuziehen sei die Befürwortung durch die Beamten von Briefen der Sträflinge, in welchen sie die Ortsgemeinde oder den Ortsgeistlichen bäten, sich ihrer Familie anzunehmen (z. B. Erlaß vom 25. Juli 1862). (Min.-Bl. S. 266); Mitteilungen über die Straf- und Gef.-Anstalten für 1858—1860, Berlin 1861 S. 149.

stützen. Auch aus der zweiten Hälfte dürfen sie ausnahmsweise, mit Genehmigung des Oberstaatsanwalts (der Aufsichtskommission, wo eine solche besteht) Verwendungen vornehmen.

Für die Anstalten des Ministeriums des Innern dagegen bestimmt § 147 zu 4 und 5 der Dienstordnung vom 14. November 1902: Geldverwendungen für die Gefangenen dürfen erst dann stattfinden, wenn die Gutschrift, nach Abrechnung der für angerichteten Schaden usw. abzusetzenden und abzuschreibenden Beträge 20 Mark bei Gefängnissträflingen und 30 Mark bei Zuchthaussträflingen erreicht hat. Soweit die Gutschrift höher ist, als diese Beträge, können für den Gefangenen auf seinen Wunsch Zahlungen geleistet werden: a) Zum Ersatz des durch seine Straftat angerichteten Schadens, b) zur Unterstützung solcher notleidenden Angehörigen, zu deren Unterhalt der Gefangene verpflichtet ist, c) zur Beschaffung von Zusatznahrungsmitteln, Büchern usw. Unter besonderen Umständen können Zahlungen zum Schadensersatz und zur Unterstützung der Angehörigen auch erfolgen, bevor die Gutschrift die Höhe von 20 oder 30 Mark erreicht hat.

Die Erfahrung hat nun gezeigt, daß viele Gefangene nur deshalb von der Befugnis, einen Teil der Arbeitsbelohnung nach Hause zu schicken Gebrauch machen, um so das Geld der bei der Entlassung eintretenden strengen Kontrolle der Auszahlung durch die Fürsorgeorgane tunlichst zu entziehen. Die Anstaltsdirektionen haben sich daher gezwungen gesehen, Ermittelungen über die Würdigkeit und Bedürftigkeit der betreffenden Familien vor Gewährung der Vergünstigung an den Gefangenen anzustellen. Die Vornahme der erforderlichen Recherchen durch Polizeibeamte hat aber leicht nicht gewollte Härten für die durch solche Besuche bloßgestellte Familien im Gefolge, die Direktionen der Berliner Strafanstalten haben deshalb, nach Vorgang der Gefängnisdirektion Tegel, den Verein zur Besserung der Strafgefangenen gebeten, diese Erkundigungen durch seine Mitglieder vorzunehmen. Der Verein hat seine Abteilung zur Fürsorge für die Familien von Gefangenen mit dieser sich ganz außerordentlich bewährenden Maßnahme, deren prinzipielle Ausdehnung auf ganz Preußen in Aussicht steht, beauftragt.

Der oben S. 16 erwähnte Erlaß vom 31. Mai und 12. Juni 1783, welcher den eigentlichen Ausgangspunkt der staatlichen Entlassenenfürsorge in Preußen darstellt, ist noch in einer andern Hinsicht von Bedeutung; es ist der erste[122]) Erlaß, der eine polizeiliche Aufsicht über Strafentlassene einführt.

Es ist hier nicht der Ort, auf die Geschichte des Instituts der Polizeiaufsicht einzugehen[123]), es möge genügen auf die Tatsache hinzuweisen, daß das ganze 19. Jahrhundert hindurch die Klagen darüber, daß ungeschickt ausgeübte Polizeiaufsicht vielen Strafentlassenen das Verbleiben in der mühsam errungenen Arbeitsstellung unmöglich machte und dadurch dem Rückfall Vorschub leistete, nicht verstummen wollten. Sehr häufig daher hat die Frage der Polizeiaufsicht auf der Tagesordnung von Versammlungen der Kriminalisten, Gefängnisbeamten und der Fürsorgevereine gestanden. Man war sich darüber einig, daß Schuld an dem Übel weniger die bestehenden gesetzlichen Vorschriften (§§ 38, 39 R.St.G.B.) als ihre Ausführung sei und sah Abhilfe allein in einem Hand in Hand Gehen der polizeilichen Aufsicht mit der Entlassenenfürsorge. Während Berner[124]) aber die letztere ebenfalls von der Polizei ausgeübt sehen wollte — ein Ding der Unmöglichkeit bei dem durchschnittlich niederen Stande der intellektuellen und Herzensbildung der unteren Polizeiorgane — befürwortete man in den letzten Jahrzehnten fast durchweg[125]) den Übergang der Aufsicht von den Organen der Polizei auf diejenigen der freien Liebestätigkeit, ohne sich über die Art der Durchführung und damit der Durchführbarkeit klar zu sein.

Eine überaus glückliche Lösung ist für Preußen durch die Instruktion des Ministers des Innern vom 30. Juni 1900[126])

---

[122]) Erl. v. 12. Aug. 1805 und 19. Juli 1818 (v. Kamptz, Annalen 1818 S. 779 und 773—777).

[123]) Siehe hierzu die Erlasse vom 29. Juni 1816 (Heinze, Die Einlieferung und Entlassung usw., Liegnitz 1836, S. 170), 17. Februar 1817, 25. Mai 1824, 20. Mai 1832 (v. Kamptz, Annalen 1817, Bd. I S. 192; 1824 S. 550 bis 555; 1832 S. 461), 22. Mai 1866 usw., ferner Braune (Zeitschr. f. d. ges. Strafrw., Bd. 9 S. 806 ff.) und Fuhr, Strafrechtspflege und Sozialpolitik, Berlin 1892.

[124]) Gerichtssaal, Bd. XXXIII.

[125]) Verhandlungen der Versammlung des Verbandes der deutschen Schutzvereine f. entl. Gefangene zu München 1898. Karlsruhe (Malsch & Vogel) 1898 S. 39—61, 109—121.

[126]) Ergänzt durch eine Verfügung von 1902, Ministerialblatt f. d. gesamte innere Verwaltung, S. 157.

zur Ausführung der §§ 38 und 39 des Strafgesetzbuchs für das Deutsche Reich, betreffend die Stellung unter Polizeiaufsicht gefunden und getroffen worden. Nachdem § 2 bestimmt, daß die Stellung unter Polizeiaufsicht nur stattfinden soll, wenn begründete Besorgnis besteht, daß der Verurteilte die wieder erlangte Freiheit in gemeingefährlicher Weise mißbrauchen werde und daß von ihr regelmäßig Verurteilte befreit bleiben sollen, welche sich während der Strafverbüßung gut geführt haben und deren Unterkommen in der Freiheit ein gesichertes ist, sagt § 4, daß der Gefängnisvorstand 6 Wochen vor der Entlassung eines Verurteilten, gegen welchen auf Zulässigkeit von Polizeiaufsicht erkannt worden ist, der Landespolizeibehörde neben einem Führungszeugnis ein Gutachten der Oberbeamtenkonferenz über die Angemessenheit der Polizeiaufsicht zu übersenden hat, wobei anzugeben ist, ob und in welcher Weise der zur Entlassung Kommende sich der für entlassene Gefangene angeordneten Fürsorge unterstellt hat. Und in dem wichtigen § 9 heißt es:

> So lange der Verurteilte einer geordneten Fürsorge untersteht, sind alle Maßregeln, welche geeignet sind, ihm eine geordnete Tätigkeit zu erschweren, wie z. B. Erkundigungen nach ihm durch Polizeibeamte, unbedingt zu vermeiden. Die Polizeibehörden haben von Zeit zu Zeit bei den Fürsorgeorganen anzufragen, ob der Verurteilte der Fürsorge noch untersteht. Die Fürsorgeorgane werden ihrerseits von dem Eintritt und der Beendigung der Fürsorge den Polizeibeamten Kenntnis geben.

Die Ausführung dieser Instruktion ist so gedacht, daß das oder die tätigen Vereinsmitglieder (Pfleger) oder Geistlichen die Aufsicht über die Polizeiobservaten übernehmen und ausführen. So lange dies stattfindet, ruht die Aufsicht, d. h. der Entlassene wird zwar durch Verfügung der Landespolizeibehörde unter Polizeiaufsicht gestellt, die Beaufsichtigung durch Polizeibeamte unterbleibt aber. Eine Aufsicht lediglich durch freiwillige Helfer ist durchführbar, wo und insofern die Zahl der zu beaufsichtigenden Personen eine nicht zu große ist. Anders in den großen Städten, zumal in Berlin. Hier bringen es die Verhältnisse aber, auch abgesehen von dem Umfange der Arbeit, mit sich, daß die Schutzaufsicht nicht ausschließlich durch Pfleger bewerkstelligt werden kann: Einmal ist neben den in der Wohnung der Observaten vorzunehmenden Besuchen, welche doch nur in gewissen Zwischenräumen vorgenommen werden können, unbedingt eine Zentralmeldestelle erforderlich, bei der schleunige Gesuche um Beurlaubung von Berlin, plötzliche Wohnungsveränderungen, sowie wichtige Personalnachrichten täglich angebracht werden können. Es ist erwünscht, daß der diese Meldungen entgegennehmende Beamte möglichst die Verhältnisse der einzelnen Observaten kenne, um ergänzende Fragen richtig vornehmen zu können. Die üblen Erfahrungen ferner, welche einzelne Pfleger beim Aufsuchen von Observaten gemacht haben, haben gezeigt, daß nicht jedes, für die Sache warm empfindende Vereinsmitglied imstande ist, der Hefe der Großstadtbevölkerung in geeigneter Weise gegenüberzutreten, daß es vielmehr in manchen Fällen eines besonnenen, energischen Mannes bedarf, um der Vereinsaufsicht die gebührende Achtung zu sichern. Würde aber selbst die für die große Zahl von Observaten erforderliche Anzahl geeigneter Pfleger gefunden werden, so wäre ihre ausschließliche Verwendung der Sache hier nicht förderlich, weil die häufig so heikle Aufgabe nach bestimmten als richtig erkannten Normen ausgeführt werden muß, also regelmäßig durch eine Person, die sich den Anordnungen der Vereinsleitung unbedingt fügt — was von freiwilligen Pflegern nicht immer zu erwarten ist.

Aus allen diesen Gründen hat der, in bezug auf den Umfang der jährlich erledigten Arbeit überhaupt größte Fürsorgeverein, der Verein zur Besserung der Strafgefangenen in Berlin, neben den Pflegern einen eigenen Observaten-Inspektor angestellt, der die Register führt, die Anmeldungen annimmt, die Besuche ausführt.

Die neue Einrichtung hat sich in jeder Beziehung bewährt: Der Segen, der für die unter Polizeiaufsicht stehenden Elemente aus ihrer Berührung mit den Fürsorgeorganen erwächst, besteht aber nicht nur darin, daß das kompromittierende Nachfragen durch uniformierte oder in der betreffenden Stadtgegend auch in Zivilkleidung bekannten Revier-Kriminalbeamten möglichst von ihnen ferngehalten wird, sondern und besonders darin, daß die Vereine imstande sind, auf die Observaten einen überaus heilsamen Druck auszuüben, die ihnen durch den Verein gebotene Arbeit, bei Vermeidung der Übergabe der Aufsicht an die Polizei, anzunehmen — ein Grund mehr auch, die Vereinsaufsicht nicht auf Recherchen an Ort und Stelle zu beschränken, sondern die Observaten zu veranlassen, sich bei der Entlassung sowohl als in regelmäßigen Zwischenräumen auf dem Vereinslokale zu melden.

Die Tatsache des über den Observaten schwebenden Damoklesschwertes der Rückgabe an die Polizeibehörde hat die von ihr erwartete Wirkung: sie ist den Observaten eine andauernde Mahnung, im eigensten Interesse sich den Anordnungen des Fürsorgeorgans zu fügen und sich straffrei zu halten[127].

Diese gute Wirkung eines unablässig drohenden, bei eigenem Verschulden eintretenden Nachteiles, welche auch zur Einführung der „Vorläufigen Entlassung" (§ 23 R.St.G.B.) Anlaß gegeben hat, insofern hier der vorläufig Entlassene bei schlechter Führung wieder zur Strafhaft eingezogen wird, läßt sich aber, und zwar gerade in der bei der Polizeiaufsicht eingeführten Form, auch auf andre Einrichtungen, welche die Strafentlassenen betreffen, ausdehnen: Die vorläufige Entlassung und die polizeiliche Ausweisung.

Es liegt eigentlich nahe, daß das, was den Polizeiobservaten recht ist, der Ersatz der Polizeitätigkeit durch die mildere Hand der Fürsorgeorgane, den vorläufig Entlassenen billig ist — und zwar das umsomehr, als es sich ja bei den letztern um weit fügsamere und regelmäßig harmlosere Elemente handelt, welche überdies in der Strafanstalt ernste Zeichen des Willens, nunmehr einen gesetzmäßigen Lebenswandel zu führen, gegeben haben.

Die Zentralstelle für das Gefangenenfürsorgewesen der Provinz Brandenburg hat deshalb bei den Herren Ministern des Innern und der Justiz um den Erlaß einer Verfügung gebeten, welche den Organen der Fürsorge die Aufsicht über die vorläufig entlassenen Strafgefangenen — wie es seit Jahren erfolgreich in Frankreich geschieht, wo die Vereine einen besonderen Staatszuschuß ausdrücklich zu diesem Zwecke erhalten — überträgt. Dieser Antrag ist durch Erlaß des Ministers des Innern vom 11. Mai 1904 wohl mit Rücksicht darauf abgelehnt worden, daß die vorläufig Entlassenen noch nicht, wie die Polizeiobservaten, endgültig der Freiheit wiedergegeben sind, vielmehr jederzeit bei üblem Verhalten wieder zur Strafhaft eingezogen werden können, mithin theoretisch als noch im Strafvollzuge befindlich anzusehen sind. Den Polizeibehörden ist aber bei dieser Gelegenheit die bereits bestehende Vorschrift[128],

---

[127]) Braune, Polizeiaufsicht (Ztschrift. f. d. gesamte Strafrechtswissenschaft Bd. 23 S. 746 ff.)

[128]) § 11 des Erlasses vom 21. Januar 1871.

die Kontrolle in der Weise auszuüben, daß der Entlassene dadurch in seinem Fortkommen nicht behindert werde, erneut zur besonderen Pflicht gemacht worden. Die Fürsorgeorgane allerdings, in dem Bewußtsein, dem bei der Übertragung der Polizeiaufsicht in sie gesetzten Vertrauen gerecht geworden zu sein, hoffen unentwegt, daß sie in nicht ferner Zukunft zur Mitarbeit, die ihnen bereits jetzt bei der Vorbereitung der vorläufigen Entlassung[129]) zugestanden wird, bei der Schutzkontrolle über vorläufig Entlassene, über bedingt Begnadigte und über polizeilich Ausgewiesene werden berufen werden.

Was die letzte dieser Kategorien von entlassenen Strafgefangenen, die auf Grund des preußischen Gesetzes vom 31. Dezember 1842[130]) aus Berlin und den Vororten sowie den übrigen großen Städten Preußens Ausgewiesenen anlangt, so haben die Polizeibehörden in zahlreichen Fällen auf Bitten der Fürsorgeorgane von der Ausweisung abgesehen oder sogar den bereits erfolgten Ausweisungsbefehl zurückgenommen — und damit gezeigt, wie ernst sie, frei von übertriebener Ängstlichkeit, bemüht sind, die Bestrebungen der Fürsorgeorgane zu unterstützen. Eine anderweitige, mehr den modernen Anschauungen und Verkehrsverhältnissen entsprechende Regelung des polizeilichen Ausweisungswesens wird zur Zeit von der Regierung ausgearbeitet.

Mit den erwähnten Klassen von entlassenen Strafgefangenen: den unbedingt Entlassenen, den vorläufig Entlassenen, den Polizeiobservaten, den Ausgewiesenen, den bedingt Begnadigten ist die Zahl der in Betracht kommenden Kategorien von Strafentlassenen nicht vollendet — noch ist derjenigen zu gedenken, welche gemäß § 362 Strafgesetzbuchs durch richterliches Erkenntnis der Landespolizeibehörde behufs Unterbringung im Arbeitshause überwiesen werden.

Auch hier läßt die Staatsregierung Erwägungen der Fürsorge den rein polizeilichen Sicherungsmaßregeln vorgehen: Die Erlasse des Ministers des Innern vom 14. November 1898 und 25. Juni 1901 gestatten, daß die Landespolizeibehörde in besonders dazu geeigneten Fällen und unter ganz bestimmten Bedingungen die Festsetzung der korrektionellen Nachhaft gegen Bettler und Prosti-

---

[129]) § 4 des Erlasses vom 21. Januar 1871, betr. Ausf. der §§ 23—26 R.St.G.B.

[130]) Gesetzsammlung 1843, S. 5.

tuierte[131]), welche ihr erstmalig überwiesen sind, aussetzt, wenn die Entlassenen ein ordentliches Unterkommen und dauernde Beschäftigung nachweisen. Von der Verfügung der Abstandnahme der Unterbringung im Arbeitshause hat die Landespolizei die Ortspolizei des gewählten Wohnorts zu benachrichtigen. „Die letztere hat die Aufsicht zu übernehmen aber auch dafür zu sorgen, daß der betreffenden Person das Fortkommen tunlichst erleichtert und insbesondere die Aufsicht nicht in einer Weise geübt werde, welche dies zu verhindern geeignet sein könnte."

Auch auf diesem Gebiet arbeitet das Polizeipräsidium in Berlin mit dem Verein zur Besserung der Strafgefangenen Hand in Hand[132]): Nachdem der Verein den in Haft befindlichen Gefangenen auf Ersuchen Arbeit verschafft hat, bringen Schutzleute die betreffenden Bettler oder Prostituierten nach dem Vereinsbureau, von wo aus sie auf ihre Arbeitsstelle geschickt werden.

In der richtigen Erkenntnis, daß die Sorge für die Zeit nach der Entlassung nicht frühzeitig genug einsetzen kann, hat die preußische Verwaltung des Innern aber in jüngster Zeit einen erheblichen Schritt nach vorwärts getan: Sie hat nicht nur die Pforten der Anstalten, sie hat die Zellen der Gefangenen den Männern und Frauen der Fürsorge geöffnet.

In vereinzelten Fällen war zwar schon seit lange einigen Vertrauenspersonen der Zutritt zu den Gefängnissen seitens beider Ministerien gestattet worden — ich erinnere nur an die Tätigkeit des Schuhmachermeisters Kaffka in den 70er Jahren in der Strafanstalt Moabit und an das langjährige segensreiche noch heute fortgesetzte Wirken des Fräulein Osiander im Berliner Untersuchungsgefängnis, — das Prinzip des strengsten Abschließens der Außenwelt war aber ängstlich festgehalten worden.

Die erste neuere sich mit der Frage befassende gedruckte Verfügung ist die des Ministers des Innern vom 10. Februar 1890[133]);

---

131) Auf die gemäß § 181a des St.G.B. (lex Heinze vom 25. Juni 1900, R.G.Bl. S. 302) der Landespolizei überwiesenen Zuhälter beziehen sich die Erlasse wohl nicht.

132) S. Anlage III.

133) Statistik d. zum Ress. d. Kgl. Preuß. M. d. J. geh. Straf- und Gef.-Anstalten für 1888/89, S. 237.

sie gestattet die Zulassung von würdigen Frauen, verheirateten und unverheirateten zu Besuchen bei den weiblichen Strafgefangenen und zur Fürsorge für dieselben in den Anstalten der Rheinprovinz.

Generell in Angriff genommen ist aber das Gebiet erst durch den § 192 der Dienstordnung für die dem Ministerium des Innern unterstellten Strafanstalten und größeren Gefängnisse vom 14. November 1902, in welchem es heißt: „Die Aufsichtsbehörde kann einem Mitgliede der Zentralstelle[134]) oder einer von ihr dazu beauftragten Person den Verkehr mit den Gefangenen in der Anstalt, insbesondere Zellenbesuche und die Teilnahme an derjenigen Konferenz der Oberbeamten, in welcher über die Fürsorge beraten wird, gestatten. Zum Verkehr mit weiblichen Gefangenen dürfen nur weibliche Personen zugelassen werden[135]).

Zur Ausführung dieser Bestimmung hat dann der Minister des Innern durch Erlaß vom 31. März 1903[136]) die Oberpräsidenten ersucht: 1. bei der Zentralstelle ihrer Provinz in Anregung zu bringen, den in Frage kommenden Regierungspräsidenten die geeigneten „Vertrauenspersonen" für den Besuch der Gefangenen zu benennen und 2. die Strafanstaltsvorsteher durch die Regierungspräsidenten anweisen zu lassen, daß den von der Zentralstelle benannten Personen der Verkehr mit den zur Entlassung kommenden Gefangenen während bestimmter, nicht zu knapp bemessener Stunden gestattet werde.

Was der Schöpfer dieser ganzen Einrichtung Herr Geheimer Oberregierungsrat Dr. Krohne, vortragender Rat im Ministerium des Innern, mit ihr beabsichtigt hat, hat er selbst folgendermaßen erläutert[137]): „Wir haben nun die neue Bestimmung, nach welcher die Zentralstelle für jede in ihrem Bezirk liegende Strafanstalt Vertrauensmänner zu ernennen hat, die dann zum Zweck der Fürsorge mit dem Gefangenen schon während seiner Inhaftierung in persönlichen Verkehr treten sollen. Diese Bestimmung hat einen doppelten Zweck: 1. Soll sie den Fürsorgeorganen mehr Lust und

---

[134]) Bezüglich der Zentralstellen siehe oben S. 47.

[135]) Der § 192 der erwähnten Dienstordnung beginnt mit den Worten: „Die Fürsorge für entlassene Gefangene ist ganz besonders ernst zu nehmen" und enthält die Regelung der Entlassenenfürsorge, soweit die Anstalten in Betracht kommen.

[136]) Verordngsbl. f. d. Strafanstaltsverwaltg. Nr. 14.

[137]) 76. Jahrber. d. Rhein.-Westfäl. Gef.-Ges. (1902/03) S. 39.

Liebe zu ihrer Arbeit machen und sie ihnen erleichtern. Denn der Fürsorger wird sich ganz anders für einen Gefangenen interessieren, wenn er ihn persönlich kennt, als wenn er über ihn nur ein Blatt Papier erhält; 2. dann aber beabsichtigen wir mit dieser Bestimmung noch etwas andres. Über den Strafvollzug dringt wenig in die Öffentlichkeit; es herrscht wenig Verständnis dafür im Laienstande. Eine Sache aber, die man nicht kennt, umgibt leicht ein geheimnisvolles Dunkel. So herrschen denn im Volke oft die wunderlichsten Vorstellungen von unsern Strafanstalten. Wir treiben aber in den Gefängnissen und Zuchthäusern nichts, was das Licht der Öffentlichkeit zu scheuen hätte. Diese Vertrauenspersonen sollen die Verbindung herstellen zwischen den Anstalten und der Gesellschaft. Sie sollen das weiteste Entgegenkommen bei uns finden. Ich weiß wohl, daß bei vielen unserer Beamten eine starke Abneigung gegen diese neue Einrichtung besteht und daß andererseits auch die von den Fürsorgevereinen ernannten Persönlichkeiten eine Scheu haben, zu uns in die Strafanstalten zu kommen. Wir zweifeln aber nicht, daß die Sache gehen wird, daß wir gut miteinander auskommen werden und daß sich die Bedenken unserer Beamten zerstreuen werden. Wir werden sie anweisen, ihren Vertrauensmännern vollstes Vertrauen zu schenken. Sie mögen von Zelle zu Zelle gehen, unter vier Augen sich mit den Gefangenen unterhalten, und wenn dann ihre Vertrauensmänner etwas finden werden, was zu Ausstellungen Anlaß gibt, dann werden die Gefängnisverwaltungen es aus der Hand der Zentralstelle gern entgegennehmen, wenn sie auf etwaige Mißstände aufmerksam gemacht werden. Die Voraussetzung bei diesem Entgegenkommen, das wir ihnen erzeigen, ist natürlich die, daß Sie nur die rechten Persönlichkeiten senden. Ich bitte die Zentralstelle in der Auswahl dieser Männer ja recht sorgsam zu sein.

Wie wenig unsere Intentionen bei dieser Neueinrichtung oft von den Fürsorgeorganen verstanden werden, zeigt sich z. B. darin, daß an einigen Stellen der Direktor oder der Strafanstaltsgeistliche als zur Übernahme dieses Vertrauensamtes geeignet bezeichnet worden ist. Es sollte mich freuen, wenn wir von der Zentralstelle in dieser Weise — sagen wir es nur ruhig — eine gewisse Kontrolle erführen.

Ergänzt wurden hierauf die bestehenden Verfügungen durch den Erlaß des Ministers des Innern vom 2. Februar 1904, in welchem er mit Nachdruck darauf hinweist, daß zur Aufrechterhaltung des auch in den Bestimmungen über die Fürsorge (siehe Anlage I) vom 13. Juni 1895 erwähnten stets beobachteten Grundsatzes, daß die Fürsorge durch Privatpersonen, Vereine und kirchliche Organe und nicht durch die Strafanstaltsverwaltung ausgeübt werde, es sich empfehle, überall Privatpersonen und nicht Gefängnisbeamte, für den Verkehr mit den Gefangenen zu gewinnen; diese seien auch vermöge ihrer Verbindungen mit Arbeitgebern in der Lage, für die Unterbringung der Gefangenen in Arbeitsstellen besser sorgen zu können, als Strafanstaltsbeamte.

Die Erfahrung hat gezeigt, daß es außerordentlich schwer hält, die richtigen Persönlichkeiten, zumal die Vertrauens-Männer zu finden und zu gewinnen, hat aber gleichzeitig dargetan, daß, wenn sie gewonnen sind, die Einrichtung überaus segensreich arbeitet.

In dem eben genannten Erlasse vom 2. Februar 1904 hat der Minister erklärt, daß zur Ausübung der eigentlichen Fürsorge nicht Strafanstaltsbeamte, sondern Privatpersonen berufen sind und dementsprechend ist es auch stets bisher Grundsatz in Preußen gewesen, daß die Fürsorge für die entlassenen Gefangenen Sache der Organe der freien Liebestätigkeit und der Kirche, aber nicht des Staates sei.

In allerneuester Zeit ist nun aber die preußische Regierung dazu übergegangen, selbst Entlassenenfürsorge zu treiben.

Die Quintessenz einer jeden Fürsorgetätigkeit auf dem vorliegenden Gebiete wird stets die Verschaffung von Arbeit sein, und schon lange hatten die Männer der Fürsorge es schmerzlich empfunden, daß der Staat es grundsätzlich ablehne, Bestrafte in staatlichen Betrieben anzustellen und häufig Beamte, selbst nach jahrelanger treuer Amtsführung schlicht entlasse, wenn er erfahre, daß der betreffende Beamte, wenn auch vor vielen Jahren, bestraft worden sei.

Der Staat, so wurde argumentiert, dürfe, soweit es in seiner Macht stehe, den Rechtsbrecher nicht über die im Erkenntnis festgesetzte Strafe hinaus büßen lassen — die Schwierigkeiten, unter denen jeder Strafentlassene im Kampfe mit dem Vorurteile der Gesellschaft zu leiden habe, seien vom Staate nicht gewollt, der Staat müsse also hier mit dem guten Beispiele vorangehen und tunlichst auf dem Standpunkte stehen, daß, wer seine Strafe verbüßt habe, nach derselben ebenso dastehe wie vor der Bestrafung.

Fraglos schießen derlei Wünsche, soweit sie nicht direkt verfehlt sind, weit über das nur annähernd Erreichbare hinaus. Wegen gröberer Verfehlungen, wegen Unehrlichkeit bestrafte Leute kann der Staat niemals als Beamte in Stellungen gebrauchen, welche ein objektives Ansehen erfordern, wie z. B. auf dem Gebiete der inneren Verwaltung: Polizeibeamte.

Und auch in industriellen Unternehmungen, in seinem Eisenbahnbetriebe, Post- und Telegraphenbetriebe, Bergwerken usw. kann der Staat nicht so frei bezüglich der Auswahl der Arbeiter schalten wie ein privater Unternehmer, weil der Staat nicht mit eigenem, sondern mit dem Gelde der Steuerzahler wirtschaftet und er schon aus diesem Grunde, ganz abgesehen davon, daß man mit Recht in den staatlichen Betrieben Musterbetriebe haben will, nicht Experimente mit bestraften Elementen machen darf. Experimente aber werden es leider stets bleiben.

Daß man alle diese Bedenken an maßgebender Stelle reiflich erwogen hat, ist klar — um so erfreulicher ist es, daß das preußische Staatsministerium, seitens der Rheinisch-Westfälischen Gefängnisgesellschaft[138]) mit der Frage befaßt, seine **grundsätzlich ablehnende Stellung bezüglich der Beschäftigung Bestrafter aufgegeben** und den Ressortchefs anheimgegeben hat, entsprechende Anweisungen ergehen zu lassen.

Zur Zeit haben die preußischen Minister des Kultus und der öffentlichen Arbeiten die ihnen nachgeordneten Behörden mit entsprechender Anweisung versehen.

Bei der eminenten Bedeutung dieser beiden Erlasse vom 14. Juli 1903 und 12. August 1904 habe ich sie in der Anlage wörtlich zum Abdruck gebracht.

Sie atmen so sehr den Geist der mit verständiger Politik nur zu gut vereinbaren barmherzigen Fürsorge für die entlassenen Gefangenen, sie gehen so weit im Stecken der Grenzen für die Zulassung von Bestraften und gestatten dadurch in so hervorragendem Maße die möglichst sorgfältige Individualisierung auf diesem Gebiete, daß der Verband der Deutschen Schutzvereine für ent-

[138]) 74. Jahresbericht der Rhein.-Westfäl. Gef.-Ges. 1900/1901, S. 22, 98, 114 ff.

lassene Gefangene auf Antrag des Berliner Vereins zur Besserung der Strafgefangenen beschlossen hat [139]), die sämtlichen deutschen Staaten und die größeren städtischen Körperschaften in Deutschland zu bitten, Bestimmungen zu treffen, welche ähnliche Grundsätze enthalten wie die beiden oben genannten preußischen Erlasse, deren gute Wirkung sich bereits wiederholt gezeigt hat.

Und so ist zu hoffen, daß in nicht zu ferner Zeit durch die tätige Hilfe der Staatsregierungen nicht nur manchem wahrhaft Reuigen der Weg zu ordentlichem Lebenswandel erschlossen, sondern daß das Beispiel der Behörden zum Vorteil der Entlassenen auf private Arbeitgeber wirken wird, sodaß der heute noch täglich eintretende Fall, daß ein vor Jahren Bestrafter allein wegen der Tatsache des Bestraftseins aus der mit Eifer versehenen Stellung schlicht entlassen und dadurch erneut dem Verbrechen in die Arme getrieben wird, sich seltener und seltener ereignet.

Erfüllt von der sozialen, insbesondere kriminalpolitischen Bedeutung der Entlassenenfürsorge hat die preußische Staatsregierung von Jahr zu Jahr mit den Organen der auf diesem Gebiete arbeitenden freien Liebestätigkeit engere Fühlung genommen, welche ihre Krönung fand in den von ihr ins Leben gerufenen Zentralstellen. Diese behördenartigen Körper, welche das Verbindungs- und Vermittlungsglied zwischen Staat und Verein darstellen, setzen so den Staat in die Lage, auf zuverlässigem Wege von den Bedürfnissen der Vereine und Entlassenen unterrichtet zu werden.

So hat die Zentralstelle für die Provinz Brandenburg in jüngster Zeit, von der Erfahrung ausgehend, das einem Entlassenen, der nicht im Besitze einer Quittungskarte der Invalidenversicherung ist, das Erhalten von Arbeit außerordentlich erschwert, ja fast unmöglich gemacht wird, angeregt, daß die bisherigen Bestimmungen [140]), welche eine fakultative Weiterversicherung der Gefangenen eventuell unter finanzieller Mithilfe des Staates vorsehen, zu einer obligatorischen Invalidenversicherung ausgedehnt werden.

Noch ist diese Frage nicht erledigt und schon tauchen neue Aufgaben der staatlichen Entlassenenfürsorge am Horizonte auf, so

---

139) Auf der Versammlung zu Halle 1904.

140) Erlaß d. Min. d. Inn. v. 12. II. 1901 (Verordnungsblatt f. d. Strafanstaltsverwaltung 1901 S. 9, 1902 S. 68) und Erlaß d. Justizmin. v. 8. III. 1901 (Müller, Bd. II S. 1972, 1973).

die Sorge für geistesschwache und schwer an Lungenschwindsucht erkrankte Entlassene — bei beiden Kategorien erscheint eine fürsorgende Mitwirkung der Anstaltsärzte geboten — und insbesondere die offizielle Übertragung der Schutzfürsorge über strafentlassene[141]) und bedingt begnadigte[142]) Jugendliche, unter richterlicher Mitwirkung auf die Organe der Fürsorge für entlassene Gefangene.

Der moderne Staat, weit über die Grenzen seiner Pflicht, nur die erkannte Strafe zu vollstrecken, hinausgehend, treibt nicht nur generell Entlassenenfürsorge, indem er die bestehenden Vereine durch Zuweisung von Arbeit und Geldmittel unterstützt, er treibt auch individuelle Fürsorge, indem er erforderlichenfalls dem zur Entlassung Kommenden Kleidung, Reise- und Zehrgeld, Unterstützungsgeld in bar gewährt, indem er ihn durch Beamte zur Bahn oder zum Fürsorgeorgan bringen läßt u. a. m. Es bestätigt sich damit auch hier die Wahrheit des Buchenbergerschen Wortes, daß nichts Menschliches dem modernen Staate fremd sei.

Humanitätsgründe allein oder in erster Linie sind es aber nicht, welche den Staat veranlassen, sein Interesse in so hohem Maße der Entlassenenpflege zuzuwenden — es ist vielmehr die Erkenntnis, daß eine wohl geordnete, mit den Organen der Gesellschaft Hand in Hand gehende Fürsorge das beste Mittel ist, um dem Rückfall in das Verbrechen vorzubeugen.

So dient die Fürsorge zur Bekämpfung des Verbrechertums und damit dem stets letzten Zwecke, dem Wohle des Vaterlandes.

---

141) Klein, Verhdlgn. d. 27. Deutschen Juristentages. Erster Band (1904) S. 136.

142) v. Liszt, Zeitschrift f. d. ges. Strafrw. Bd. 25 (1905) S. 237.

Anlagen.

Anlage I.

Erlaß vom 13. Juni 1895.

Bestimmungen über die Fürsorge für entlassene Gefangene.

1. Aufgabe der Fürsorge ist, den Gefangenen für den Zeitpunkt ihrer Entlassung Arbeit und Unterkommen in solchen Verhältnissen zu sichern, die geeignet sind, sie vor dem Rückfall in ungesetzliches Leben zu bewahren, auch in geeigneten Fällen sich der Familien der Gefangenen anzunehmen.

2. Es ist dahin zu wirken, daß möglichst jeder Gefangene, bei dem es erforderlich erscheint, sich der Fürsorge unterstellt. Zur Annahme der Fürsorge kann der Gefangene nicht gezwungen werden. Jugendliche Gefangene sind bei der Fürsorge besonders zu berücksichtigen.

3. Die Fürsorge wird ausgeübt:

a) durch die kirchlichen Organe,

b) durch Fürsorgevereine.

Beide haben sich in ihrer Arbeit möglichst zu unterstützen und im engsten Zusammenhang mit den Polizeibehörden zu wirken. Muß nach den bestehenden Bestimmungen die Entlassung eines Gefangenen der Polizeibehörde angezeigt werden, so ist dabei mitzuteilen, ob für den Entlassenen Fürsorge eintritt, und durch wen sie ausgeübt wird. Fürsorge durch kirchliche Organe eignet sich besonders für solche Gefangene, welche selbst, oder durch ihre Familie noch im Zusammenhange mit einer Kirchengemeinde stehen.

Den Vorstehern und Geistlichen der Strafanstalten und Gefängnisse steht es frei, in geeigneten Fällen die Fürsorge selbst auszuüben.

4. Als kirchliche Organe fungieren im Allgemeinen in den evangelischen Kirchengemeinden die Gemeinde-Kirchenräte, Presbyterien und Kirchenvorstände, in den katholischen die Ortsgeistlichen und die von diesen zur Mitwirkung herangezogenen Gemeindemitglieder.

5. Ob und mit welchen Organen wegen Fürsorge für einen Gefangenen Verhandlungen angeknüpft werden sollen, bestimmt der Anstaltsvorsteher nach Anhörung der Oberbeamten insbesondere der Anstaltsgeistlichen, da, wo Konferenzen bestehen, nach Anhörung dieser.

6. Die Anstaltsvorsteher haben die Verhandlungen mit den Fürsorgeorganen so zeitig — bei längerer Strafverbüßung sechs Wochen vor der Entlassung — einzuleiten, daß bis zum Entlassungstage das Ergebnis feststeht.

Hierbei sind die Fürsorgeorgane von der Höhe des dem Strafentlassenen in Aussicht stehenden Geschenkes aus dem Arbeitsertrage (Arbeitsprämien, Arbeitsverdienstanteil) in Kenntnis zu setzen und zu befragen, ob dasselbe ihnen oder der Ortspolizeibehörde übersandt werden soll.

Bei diesen Verhandlungen ist auf die Wünsche der zur Entlassung kommenden jede billige Rücksicht zu nehmen.

7. Das den Gefangenen bei der Entlassung zuteil werdende Geschenk aus dem Arbeitsertrage ist im Interesse der Fürsorge zu verwenden, dasselbe kann gegen den Willen der Entlassenen nicht in Anspruch genommen werden zur Bezahlung von Schulden, oder zur Deckung von Ausgaben, welche die Armenverbände für sie selbst, oder deren Angehörige geleistet haben. Das Geschenk geht erst dann in das Eigentum des Entlassenen über, wenn es ihm ausdrücklich zur freien Verfügung ausgehändigt ist.

Das Geschenk ist vorzugsweise zu verwenden zur Bezahlung der Reisekosten des Entlassenen nach seinem demnächstigen Aufenthaltsorte, zur Beschaffung von Kleidern, Wohnung, Unterhalt, Arbeitsgerät 2c., sowie in geeigneten Fällen zur Unterstützung der Familie des Entlassenen.

Es empfiehlt sich nicht, den Entlassenen das Geschenk auf einmal auszuzahlen, größere Geldbeträge sind ihnen nur dann auszuhändigen, wenn deren zweckmäßige Verwendung gesichert ist.

8. Ist bei dem Gefangenen die Fürsorge nicht notwendig, so kann der Anstaltsvorsteher ihm bei der Entlassung das Geschenk auszahlen, oder an die Polizeibehörde des Ortes, wohin der Gefangene entlassen wird, schicken.

Tritt Fürsorge ein, so hat der Anstaltsvorsteher das Geschenk entweder dem Fürsorgeorgane oder der Polizeibehörde des Ortes, wohin der Gefangene entlassen wird, zu übersenden.

Mit der Verwendung des Geschenkes dürfen die Fürsorgeorgane nicht eher beginnen, bis der Entlassene sich schriftlich darüber ausweist, daß er sich bei der Ortspolizeibehörde vorschriftsmäßig gemeldet hat.

Die Anstaltsvorsteher können jedoch diesen Gefangenen bei der Entlassung das ganze Geschenk auszahlen, wenn dasselbe so gering ist, daß es nur zur Bestreitung der Reisekosten und des Unterhalts für wenige Tage ausreicht, oder wenn die Persönlichkeit des Entlassenen und die Verhältnisse, in welche er zurücktritt, einen Mißbrauch nicht befürchten lassen.

9. Weigert sich ein Gefangener die für notwendig erachtete Fürsorge anzunehmen, so behält die Anstaltsverwaltung von dem nach Abzug der Reise- und Zehrungskosten für einige Tage am Entlassungsorte noch verbleibenden Reste des Geschenkes die Hälfte zurück, die andere Hälfte wird der Polizeibehörde des Entlassungsortes überschickt, um für den Entlassenen nach Maßgabe der Bestimmungen in Nr. 7 verwandt zu werden.

10. Wenn ein Entlassener sich weigert, die von den Fürsorgeorganen inbetreff der Verwendung des Geschenkes getroffenen Anordnungen anzuerkennen, oder wenn er sich der Fürsorge entzieht, oder eine strafbare Handlung begeht, so ist unter Mitteilung der Tatsachen der noch vorhandene Rest des Geschenkes der Ortspolizeibehörde zu übersenden, welche dann nach den in Nr. 7 gegebenen Bestimmungen verfährt.

Weigert sich ein Strafentlassener, die von der Polizeibehörde über Verwendung des Geschenkes getroffenen Anordnungen anzuerkennen, so ist der Rest des Geschenkes, soweit derselbe nicht im Interesse der Familie des Strafentlassenen Verwendung findet, mit einer Abrechnung der Anstaltsverwaltung zurückzusenden.

Erlaß vom 5. November 1902. Min. d. Inn. S. 2481. Just.-Min. I. 7660b.

Die Bestimmungen über die Fürsorge für entlassene Gefangene vom 13. Juni 1895 Min. d. I. II. S. 723, Just.-Min. I. 3576 (Verordn.-Bl. f. d. Strafanst.-Verw. S. 36) werden wie folgt ergänzt:

Erklärt ein Gefangener nach seiner Entlassung sich in das Ausland begeben zu wollen, so gilt als Entlassungsort derjenige Ort, an welchem er die deutsche Reichsgrenze überschreitet. An die Polizeibehörde dieses Ortes ist die Arbeitsbelohnung zu übersenden und zwar ohne Unterschied, ob im Inlande Fürsorge eingetreten wäre oder nicht. Bei dieser Ortspolizeibehörde hat sich der Strafentlassene mit der Angabe seines Reiseziels im Auslande zu melden. Die Ortspolizeibehörde löst dann aus der Arbeitsbelohnung die zu der Reise erforderliche Fahrkarte und händigt dem Entlassenen beim tatsächlichen Antritt der Reise den Rest der Arbeitsbelohnung aus.

Falls der Strafentlassene sich nicht binnen zwei Wochen nach der Entlassung bei der Ortspolizeibehörde des Grenzortes meldet, falls er sich weigert, sein Reiseziel im Auslande anzugeben, oder falls er sonst die Verwendung der Arbeitsbelohnung zum Zwecke seiner Weiterbeförderung unmöglich macht, so ist dieselbe an die Anstaltsverwaltung zurückzusenden.

Liegt der Ort, an welchem der ins Ausland gehende Entlassene die deutsche Reichsgrenze überschreiten will, außerhalb Preußens, so ist ein Ersuchen um Lösung einer Fahrkarte und Auszahlung des Restes der Arbeitsbelohnung an die Ortspolizeibehörde dieses Ortes zu richten. Lehnt diese das Ersuchen ab, so hat der Vorsteher in anderer Weise für die Überweisung der Arbeitsbelohnung zu sorgen.

Im Übrigen sind die Vorschriften des Erlasses vom 13. Juni 1895 sinngemäß anzuwenden.

Anlage II.

Instruktion zur Ausführung der §§ 38 und 39 R.St.G.B. betr. die Stellung unter Polizei-Aufsicht vom 30. Juni 1900.

§ 4.

Zur Vorbereitung der Beschlußnahme über die nach § 3 zu treffende Anordnung hat der Gefängnisvorstand sechs Wochen vor der Entlassung eines Verurteilten, gegen welchen auf Zulässigkeit von Polizeiaufsicht erkannt worden ist, der Landespolizeibehörde des Entlassungsortes ein Zeugnis über die Führung des Verurteilten während der Strafverbüßung nebst einem Gutachten der Konferenz der Gefängnis-Oberbeamten über die Angemessenheit der Polizeiaufsicht zu übersenden. Besteht bei der Anstalt eine Beamtenkonferenz nicht, so ist das Gutachten von dem Vorstande in Gemeinschaft mit dem Anstaltsgeistlichen abzugeben. Hierbei ist anzugeben, ob und in welcher Weise der zur Entlassung Kommende sich der für entlassene Gefangene angeordneten Fürsorge unterstellt hat.

§ 9.

So lange der Verurteilte einer geordneten Fürsorge untersteht, sind alle Maßregeln, welche geeignet sind, ihm eine geordnete Tätigkeit zu erschweren, wie z. B. Erkundigungen nach ihm durch Polizeibeamte unbedingt zu vermeiden.

Die Polizeibehörden haben von Zeit zu Zeit bei den Fürsorgeorganen anzufragen, ob der Verurteilte noch untersteht. Die Fürsorgeorgane werden ihrerseits von dem Eintritt und der Beendigung der Fürsorge den Polizeibeamten Kenntnis geben.

Anlage III.

Fürsorge statt korrektioneller Nachhaft.

Der Polizeipräsident. Abteilung IV.

Berlin C. 25, Alexanderstr. 3/6, den 17. Mai 1904.

Durch die in Abschrift beigefügten Erlasse des Herrn Ministers des Innern vom 14. November 1898 und vom 25. Juni 1901 ist den Landespolizeibehörden die Befugnis übertragen worden, von der Unterbringung der zum ersten Male auf Grund des § 362 des Strafgesetzbuches überwiesenen Personen im Arbeitshause versuchsweise Abstand zu nehmen, falls der Verurteilte sich den in den Erlassen vorgeschriebenen Bedingungen unterwirft, insbesondere die Erlangung eines ordentlichen Unterkommens und dauernder Beschäftigung nachweist. Von dieser Befugnis konnte bisher verhältnismäßig nur geringer Gebrauch gemacht werden, da es den wegen Gewerbsunzucht, Bettelns, Landstreichens u. s. w. Bestraften sehr schwer wird, bei ihrer Vorführung vor die Polizeibehörde am Entlassungstage Arbeit und Obdach nachzuweisen. Auch scheint die Vergünstigung, welche den zum ersten Male Überwiesenen in Aussicht gestellt ist, nicht überall bekannt zu sein. Die bedingte Aussetzung der Unterbringung im Arbeitshause erscheint wohl geeignet, die unter den überwiesenen Personen vorhandenen besserungsfähigen Elemente an ordentliche Tätigkeit zu gewöhnen und zu brauchbaren Mitgliedern der menschlichen Gesellschaft zu machen.

Für diese Bemühungen erbitte ich die Mitarbeit des Vereines, dem auf dem Gebiete der Gefangenenfürsorge geschulte Kräfte und wertvolle Erfahrungen auf Grund langjähriger und erfolgreicher Tätigkeit zur Verfügung stehen.

Ich beabsichtige über jede der Landespolizeibehörde überwiesene Person, welche der bedingten Aussetzung der Nachhaft würdig erscheint, 8—14 Tage vor der Entlassung dem Vereine eine Nachricht nach anliegendem Muster zugehen zu lassen. Es wäre wünschenswert, wenn darauf eine Vertrauensperson des Vereins sich mit dem Verurteilten in Verbindung setzen würde, um dessen Bereitwilligkeit zur Annahme der vorgeschriebenen Bedingungen sowie der vom Verein ausgemittelten Arbeitsstelle festzustellen. Nach Eingang der Antwort und des Gutachtens des Vereins wird die polizeiliche Entschließung schnellstens erfolgen und bekannt gegeben werden. Auch über die Führung und die etwa erforderlich werdende nachträgliche Unterbringung des Entlassenen im Arbeitshause könnte das Gutachten des Vereins gehört werden, dem damit ein wertvolles Machtmittel bei der Beaufsichtigung dieser Schützlinge erwächst.

Anlage IV.

Erlaß vom 12. Juli 1902 betr. die Ausgabe von Eisenbahn-Gutscheinen.

Den aus den Strafanstalten und Gefängnissen meines Geschäftsbereichs entlassenen Gefangenen ist das bestimmungsmäßig aus der Arbeitsbelohnung oder aus anderen Anstaltsfonds gewährte Eisenbahnfahrgeld bisher in bar ausgehändigt worden, besonders auch dann, wenn Fahrkarten nach entfernteren Stationen an der Ausgabestelle nicht auflagen.

Dieses Verfahren hat zu den mannigfachsten Mißständen geführt, zu deren Beseitigung ich nach Benehmen mit dem Herrn Minister der öffentlichen Arbeiten folgendes bestimme:

Die Strafanstalten und Gefängnisse haben, sofern ihnen nicht etwa bekannt ist, daß gedruckte Fahrkarten für die ganze Reisestrecke des zur Entlassung kommenden Gefangenen auf der Abgangsstation vorrätig liegen, die erforderlichen Fahrkarten bei der Ausgabestelle der Abgangsstation mehrere Tage vorher zu bestellen. Liegen dort gedruckte Fahrkarten nicht auf, so werden die Fahrkarten-Ausgabestellen Blankokarten für die Gesamtstrecke ausschreiben und nötigenfalls die Fahrpreise von der ihnen vorgesetzten Königlichen Eisenbahn-Direktion erfragen.

Sofern das Eisenbahnfahrgeld nicht mehr als zwei Mark beträgt, ist dieses dem entlassenen Gefangenen bar auszuhändigen, wenn besondere Bedenken hiergegen nicht vorliegen. In den anderen Fällen ist dem entlassenen Gefangenen zur Erlangung der Fahrkarte ein nach dem nachstehenden Muster auszustellender Gutschein auszuhändigen.*)

Der Gutschein ist von dem Vorsteher der Anstalt unter Angabe seines Amtscharakters und Beifügung des Amtssiegels zu unterzeichnen. Die Höhe des Fahrgeldes ist nach Feststellung desselben durch Erfragen bei der Fahrkarten-Ausgabestelle einzurücken. Die Gutscheine werden der Anstalt, welche dieselben ausgestellt hat, monatsweise seitens der Staatseisenbahnverwaltung eingesendet werden. Der dafür zu entrichtende Geldbetrag ist umgehend der zuständigen Kasse zu übermitteln.

Dieses Verfahren ist aber nur für Strecken der preußisch-hessischen Staatseisenbahnen anzuwenden, sofern nicht mit Privatbahnen und außerpreußischen Staatsbahnen Vereinbarungen hierüber getroffen sind. Kommen andere Eisenbahnstrecken in Frage, so muß es für diese bei dem bisher geübten Verfahren bewenden. Bei diesem kann es auch verbleiben, wenn die Person des entlassenen Gefangenen dafür bürgt, daß Unzuträglichkeiten durch die Verabfolgung des Fahrgeldes in bar nicht entstehen.

Sollten die Anstalten bei einzelnen Fahrkarten-Ausgabestellen nicht das gebührende Entgegenkommen finden, so ist in derartigen Fällen die Angelegenheit durch die Aufsichtsbehörde zur Kenntnis der zuständigen Königlichen Eisenbahndirektion zu bringen.

---

*) Auch den Fürsorgevereinen für Strafentlassene wird das Recht der Ausstellung von Gutscheinen seitens der Eisenbahndirektionen gewährt.

Anlage V.

Unterbringung Bestrafter in staatlichen Betrieben.

a.

Erlaß des Ministers der geistlichen, Unterrichts- und Medizinal-Angelegenheiten vom 14. Juli 1903.

Die Fürsorge für entlassene Gefangene und die Verhütung der Rückfälligkeit wird am wirksamsten durch die Wiedererlangung geregelter Arbeit gefördert und gesichert. Die Vereine für die Fürsorge entlassener Gefangener bemühen sich deshalb unausgesetzt, im Wege der freien Liebestätigkeit den entlassenen Gefangenen Arbeitsstellen zu verschaffen, stoßen hierbei jedoch vielfach auf eine grundsätzlich ablehnende Haltung seitens der staatlichen Behörden. Die Beschäftigung bestrafter Personen grundsätzlich abzulehnen, auch da, wo die in Frage kommende Beschäftigung ein besonderes Vertrauen nicht voraussetzt, ist nicht gerechtfertigt; vielmehr erscheint eine Beschäftigung bestrafter Personen in geeigneten Fällen auch seitens staatlicher Behörden wohl angängig. Die nachgeordneten Behörden wollen dies in Förderung der unterstützungwerten Bestrebungen der genannten Vereine beachten.

b.

Erlaß des Ministers der öffentlichen Arbeiten vom 12. August 1904.

Nach § 68 der Betriebsordnung für die Haupteisenbahnen Deutschlands und nach § 49 der Bahnordnung für die Nebenbahnen Deutschlands sollen alle zur Ausübung der Bahnpolizei zugelassenen Personen unbescholtenen Rufes sein. Ebenso sollen nach § 1 der gemeinsamen Bestimmungen für die Arbeiter aller Dienstzweige die im Arbeiterverhältnis anzunehmenden Personen sich in ihrem bisherigen Lebensverhältnisse achtbar und unbescholten geführt haben.

Wie bereits in den Ausführungsbestimmungen zu § 1 Nr. 6 der Prüfungsordnung ausgeführt ist, folgt aus der Vorschrift, daß die genannten Personen unbescholtenen Rufes sein müssen, nicht ohne weiteres die Notwendigkeit, Bewerber, welche gerichtlich, selbst mit Freiheitsstrafen belegt sind, von der Anstellung auszuschließen. Es ist vielmehr in jedem Einzelfalle zu prüfen, ob infolge der Straftat das äußere Ansehen des Bewerbers eine Einbuße erlitten hat. Trotz dieser Vorschrift sind in letzter Zeit mehrere Fälle zu meiner Kenntnis gelangt, in denen Bedienstete, hinsichtlich deren sich nach langjähriger tadelfreier Beschäftigung im Eisenbahndienst herausstellte, daß sie vor ihrer Einstellung gerichtlich mit Freiheitsstrafen belegt waren, ohne weitere Prüfung entlassen worden sind, obgleich es sich dabei um Verfehlungen geringfügiger Art handelte, die keineswegs der Ausfluß einer ehrlosen Gesinnung waren, und die zum Teil schon vor langer Zeit, meist im jugendlichen Alter begangen waren. Indem ich deshalb die bisherigen Bestimmungen in Erinnerung bringe, ordne ich gleichzeitig folgendes an: „Gerichtliche Strafen, selbst Freiheitsstrafen, schließen von der Annahme zur Beschäftigung im Eisenbahndienste nicht grundsätzlich aus, sie bilden nur dann ein Hindernis, wenn das äußere Ansehen des Bewerbers durch die Straftat eine Einbuße erlitten hat, namentlich wenn das Vergehen einen Mangel an ehrliebender Gesinnung erkennen läßt, so daß die amtliche oder dienstliche Wirksamkeit einer solchen Person durch den auf ihrer Vergangenheit lastenden Vorwurf auch für die Zukunft beeinträchtigt und überdies auch durch die Einstellung das berechtigte Ehrgefühl der Mitarbeiter verletzt werden würde. Dieselben Grundsätze gelten für die Wiederannahme ehemaliger Beamten und Arbeiter, die eine Strafe verbüßt haben."

c.

Erlaß des Ministers des Innern vom 6. Dezember 1904.

Im Interesse der Fürsorge für entlassene Strafgefangene können in nicht etatsmäßigen Schreiberstellen bei den Strafanstalten und Gefängnissen meines Geschäftsbereichs auch ehemalige Strafgefangene eingestellt werden, sofern sie für diese Stellen brauchbar und nach ihrem Vorleben geeignet sind. Die Einstellung darf jedoch nicht bei der Anstalt erfolgen, in welcher sie ihre Strafe verbüßt haben. Diese Schreiber sind indessen nur in der Verwaltung des Arbeitsbetriebes, der Ökonomie und der Kasse zu beschäftigen; Personalakten der Beamten und Gefangenen dürfen ihnen nicht zugänglich sein.

Druck von Leonhard Simion Nf. in Berlin SW.

FSC
www.fsc.org
MIX
Papier | Fördert
gute Waldnutzung
FSC® C083411

Kolibri 360 GmbH
Ferdinand-Jühlke-Straße 7
99095 Erfurt, Deutschland
produktsicherheit@kolibri360.de